Christoph von Marschall
Michelle Obama
Ein amerikanischer Traum

Christoph von Marschall

Michelle Obama
Ein amerikanischer Traum

orell füssli Verlag AG

Realisation: Ariadne-Buch, Christine Proske
Redaktion: Ralf Lay
Satz: KompetenzCenter, Mönchengladbach
Umschlaggestaltung: Andreas Zollinger, Zürich
Umschlagabbildung vorne: © Kwaku Alston/Corbis Outline/Specter
Umschlagabbildung hinten: © Keystone/AP Photo/Pablo Martinez Monsivais
Druck: fgb • freiburger graphische betriebe, Freiburg i. Brsg.

ISBN: 978-3-280-05368-3

Bibliografische Information der Deutschen Bibliothek:
Die Deutsche Bibliothek verzeichnet diese Publikation in der
Deutschen Nationalbibliografie; detaillierte bibliografische
Daten sind im Internet über http://dnb.d-nb.de abrufbar.

Inhalt

Vorwort

Dies ist ein Buch über Michelle Obama, die erste dunkelhäutige First Lady der USA. Die erste Amerikanerin, die von Sklaven abstammt und zur Hausherrin in dem Weißen Haus wurde, das Sklavenhände vor mehr als 200 Jahren errichtet hatten. Deshalb hat ihr Lebensweg für die meisten Amerikaner eine noch größere Symbolkraft als die Karriere ihres Mannes. Ungewöhnlich, ja, märchenhaft sind beider Biografien. Barack Obama stieg vom Sohn eines schwarzen Gaststudenten aus Afrika und einer weißen Kaufmannstochter zum ersten afroamerikanischen Präsidenten der USA auf. Michelle stammt aus einem bescheidenen schwarzen Arbeiterhaushalt in Chicago, studierte an den besten Universitäten des Landes, wurde Rechtsanwältin, Großverdienerin und schließlich eine Königin der Herzen, wohnhaft an Amerikas vornehmster Adresse. Ihre Erfolge belegen, wie lebendig der amerikanische Traum ist.

Michelles Lebensweg verlief aber keineswegs harmonisch und folgerichtig. Er ist voller Konflikte und Brüche. Eben das weckt die Neugier und macht ihre Biografie so interessant. Deshalb ist dies auch ein Buch über die Hindernisse und Vorurteile, die Beziehungsgeflechte und verborgenen Mechanismen, die über Karriere und Scheitern im zeitgenössischen Amerika entscheiden – und ebenso ein Buch über die Reaktionen der Bürger und der Medien, wenn ihnen das reale Gesellschaftsbild im Spiegel vorgehalten wird.

Der Autor hat Michelle zweieinhalb Jahre aus der Nähe beobachtet. Er hat sie als Kandidatenfrau im Wahlkampf erlebt, sowohl als Solorednerin als auch gemeinsam mit ihrem Mann. Er hat ihren Einzug ins Weiße Haus verfolgt und die First Lady zu verschiedenen Auftritten begleitet. Er hat zudem die Orte ihrer Kindheit in Chicago aufgesucht und sich auf die Spurensuche in Hyde Park begeben, der Umgebung der Universität, wo sie ihre beiden Töchter zur Welt brachte und ihr eine atemberaubende Karriere als Managerin öffentlicher Hilfsprojekte gelang. Er hat die Archive der Stadtverwaltung von Chicago genutzt und ihre Bachelor-Arbeit in Princeton, die so viele Kontroversen auslöste, aber meist nur in zusammenhanglosen Schlagworten zitiert wird, in vollem Umfang einsehen können.

Als einer der wenigen deutschen Amerika-Korrespondenten, die einen «White House Pass» bekommen, hatte er privilegierten Zugang zum Weißen Haus. Dafür schuldet der Autor den Pressebetreuern des Präsidenten und der First Lady Dank. Auch diese Arbeitserleichterung stößt freilich an Grenzen. Michelle Obama pflegt einen restriktiven Umgang mit den Medien. Das ist unter anderem eine Reaktion auf schmerzliche Erfahrungen im Wahlkampf. Zu manchen Irritationen hat sie selbst beigetragen: In den zahlenmäßig überschaubaren Interviews, die sie während dieser Zeit gab, hat sie zwar wichtige Einblicke in ihr Leben gewährt, sich zum Teil aber auch widersprüchlich über prägende Erfahrungen geäußert. Zu Gesprächen für Buchprojekte stellt sie sich nicht zur Verfügung. Wiederholte Interviewanfragen seit 2007 wurden zwar nie abgelehnt, aber bis zum Redaktionsschluss dieses Buches auch nicht erfüllt. Da ging es dem Autor nicht besser und nicht schlechter als anderen Michelle-Biografinnen und -Biografen. Es ist jedoch auch fraglich, wie viel sie in einem solchen Gespräch zur Aufklärung von Widersprüchen und Missverständnissen beitragen würde. Die Interviews, die sie in den ersten Monaten als First Lady dem ABC-Frühstücksfernsehen «Good Morning America», dem Pentagon-Kanal und dem «Time»-Magazin gab, tragen nichts Neues zum Verständnis ihrer Person bei.

Ein besonderer Dank gilt Kolleginnen und Kollegen des White House Press Corps, US-Journalistinnen wie Pamela Gentry (BET.com und HuffingtonPost.com) oder Gabriel Piemonte («Hyde Park Herald») sowie Carl Sferrazza Anthony, dem wohl besten Kenner der Geschichte aller First Ladies der USA, nicht zu vergessen die Mitarbeiterinnen der National First Ladies' Library in Canton, Ohio. Der Austausch über ihre Beobachtungen und Erfahrungen mit Michelle haben dabei geholfen, hinter die Kulissen der sorgfältig gepflegten Werbeoberfläche zu blicken und mehr von dem Menschen Michelle zu erfahren.

Dies noch zum Sprachgebrauch: Wie schon in der Biografie «Barack Obama. Der schwarze Kennedy» folgt der Autor im verminten Gelände der politischen Terminologie für Minderheiten den in den USA üblichen Begriffen und ihren deutschen Entsprechungen. Michelle Obama ist also keine «Farbige», sondern black («schwarz») oder eine African American («Afroamerikanerin»).

Alles in allem hat es sich für den Autor gelohnt, mit dieser Biografie zu warten, bis Michelle Obama eine gewisse Zeit im Amt war. Er konnte die First Lady in Aktion sehen und vielfältige Informationen sammeln, die im Herbst 2008, als ihr Einzug ins Weiße Haus bereits sicher war, noch nicht zur Verfügung standen. Das ist Neuland. Selbst in den USA gab es bei Redaktionsschluss dieser Ausgabe noch kein Buch, das die Amtsführung der First Lady Michelle Obama beschreibt. Die vorhandenen Titel enden mit dem Wahlsieg 2008. Der Autor hofft, dass die Leser diesen Vorsprung an Aktualität ebenfalls als Gewinn empfinden.

Für Zofia

Amerikas neuer Liebling

«Ich bin eine berufstätige Frau. Ich bin eine Ehefrau.
Ich bin eine Tochter. Ich bin eine Schwester. Ich bin
eine beste Freundin. Aber die Rolle, die ich am meisten schätze, ist die Mutterrolle.»

Michelles Standardvorstellung als First Lady
und zuvor im Wahlkampf

Ihr Mann ist ein Star. Weltweit. Sie steht jedoch nicht in seinem Schatten. Bereits wenige Wochen nach dem Einzug ins
Weiße Haus hatte sie ihn auf der Beliebtheitsskala der Amerikaner überholt. Sie genießt auch eine höhere Zustimmung
als ihre weißen Vorgängerinnen zum gleichen Zeitpunkt der
Amtszeit. Ende März 2009 hatten 76 Prozent der Amerikaner
laut einer Umfrage der «Washington Post» ein positives Bild
von Michelle Obama, ihrer ersten schwarzen First Lady. Die
Amtsführung ihres Mannes Barack beurteilten zur gleichen
Zeit 66 Prozent positiv. Auch das galt als ein erstaunlich guter
Wert. Erstens stand er besser da als fast alle seine Vorgänger in
der Vergleichsphase (die Ausnahme war Ronald Reagan). Die
Zustimmung war zweitens umso überraschender, als er das
Land durch eine schmerzhafte Wirtschaftskrise führen und
unpopuläre Entscheidungen treffen musste.

Während er sich also achtbar hielt, aber zu kämpfen hatte,
wurde sie immer beliebter. Ende April 2009 erntete sie in
einer Gallup-Umfrage 79 Prozent Zustimmung. Seit Sommer
2008 gelang ihr ein Sprung um rund 30 Prozentpunkte nach
oben. Das war eine Sensation für die USA. Einige Monate

zuvor hatten politische Beobachter noch besorgt debattiert, ob Michelle die Wahlaussichten ihres Mannes beeinträchtige. Die Bedenken betrafen einerseits ihre Hautfarbe und potenzielle Vorurteile weißer Wähler, die vielleicht nur ungern eine Schwarze als First Lady sehen wollen. Zur Skepsis hatte aber auch Michelles öffentliches Auftreten beigetragen. Sie habe ein zu loses Mundwerk, hieß es, als sie im Wahlkampf über Baracks Nachlässigkeiten im Haushalt lästerte: Er vergesse oft, die Butter wieder in den Kühlschrank zu stellen, und räume seine stinkenden Socken nicht weg. Republikaner stellten ihren Patriotismus infrage, nachdem sie Baracks Siegesserie während der Vorwahlen so kommentiert hatte: «Zum ersten Mal in meinem Erwachsenenleben bin ich richtig stolz auf mein Land.» Zuvor habe es ihr also an Nationalstolz gefehlt? Die Konservativen hörten es auch nicht gern, wenn Michelle die sozialen Verhältnisse kritisierte: Rund 45 Millionen Amerikaner haben keine Krankenversicherung. Und Mütter haben nicht mehr die Wahl, ob sie ihren Kindern zuliebe zuhause bleiben, so wie es ihre Mutter tat, als Michelle klein war. Heutzutage, sagte sie, müssen die Frauen arbeiten gehen, weil man die Familie nicht mehr von einem Durchschnittsgehalt ernähren könne.

Wegen solcher Aussagen galt sie bei vielen Weißen als «angry black woman» – eine verärgerte schwarze Frau, die ständig etwas an den USA auszusetzen habe. Deshalb betrachteten viele Weiße Michelle im Herbst 2008 als Risiko für die Erfolgschancen ihres Mannes.

Doch nun das: Die Präsidentengattin Michelle erwies sich plötzlich als Trumpf für Barack. Das galt auch für ihre ersten Auftritte im Ausland: in London beim G20-Finanzgipfel, in Baden-Baden beim Fest zum 60. Geburtstag der Nato, in Prag beim EU-USA-Gipfel. Genau genommen wurde Michelles Wirkung auf die Europäer gar nicht mehr als offene Frage behandelt. Sie sei der neue Megastar in Europa, verkündeten amerikanische Medien, bereits kurz nachdem «Air Force One» in London gelandet war. In den Folgetagen sendeten sie Bilder von begeisterten Briten, Franzosen und Deutschen, die angeblich alle Michelles Charme erlegen waren. Amerikas Topjournalisten verglichen ihre Auftritte mit der Wirkung solcher Ikonen wie Jacqueline Kennedy und Lady Di. Die Bilder von ihrer Begegnung mit Queen Elizabeth II. waren in aller Munde. Der Jubel wiederholte sich bei Michelles nächsten Reisen, zum Beispiel im Juni mit ihren Töchtern nach Paris und London. Da mag auch der Wunsch Vater des Gedankens und da mag Projektion im Spiel sein – nach den Bush-Jahren, in denen das internationale Ansehen der USA verfiel, sehnen sich die Amerikaner nach Repräsentanten, auf die sie stolz sein dürfen.

Cinderella reloaded

Die Begeisterung, die der neuen First Lady in den ersten Tagen und Wochen entgegenschlug, lässt sich leicht nachvollziehen. Die schwierigere Frage wird sein, warum sie anhält. Als sie ins Weiße Haus einzog, wirkte sie wie eine moderne Version des Aschenputtels oder, im Englischen, der Cinderella. Sie kam aus einfachen Verhältnissen, sie war verkannt worden und hatte Demütigungen erfahren. Doch nun stand sie bei der Inauguration des frisch gewählten Präsidenten – dem demokratischen Äquivalent der Inthronisierung eines Königssohns – in strahlenden Designerkleidern an seiner Seite wie eine Märchenprinzessin. Diese feierliche Amtseinführung in den USA könnte ebenfalls den Erzählungen der Brüder Grimm oder heute der Fantasie des Walt-Disney-Imperiums entsprungen sein. Sie ist ein feierlicher Staatsakt mit allem

Prunk und Pomp auf den Stufen vor der respekteinflößenden Kulisse des Capitols. Zugleich aber ist sie für die rund drei Millionen Bürger, die sich an diesem 20. Januar auf den weiten Rasenflächen der National Mall eingefunden hatten, ein unbeschwertes Volksfest, das sich mit Paraden und Bällen über mehrere Tage hinzieht.

Das Märchen von Cinderella hat in den USA eine irdische Entsprechung in der Erzählung vom amerikanischen Traum. Egal, woher du kommst, egal, wer deine Eltern sind – in Amerika kannst du alles werden. Michelle bedient diese Sehnsucht nach der Chancengleichheit und den Aufstiegsmöglichkeiten für alle mit ihrem Lebensweg. Oft hat sie in den ersten Wochen in Washington Schulen besucht, bevorzugt in Stadtvierteln, aus denen typischerweise weder Spitzenpolitiker noch Universitätsprofessoren kommen, und den Mädchen dort gesagt: «Hört nicht auf, von höheren Zielen zu träumen. Bewahrt den Glauben, dass ihr es schaffen könnt. Schaut mich an: ‹I am not supposed to be here.›» Niemand habe es ihr in die Wiege gelegt, dass sie ins Weiße Haus einzieht. Gegen alle Wahrscheinlichkeit ist sie zur First Lady aufgestiegen. Ein Märchen wurde Wirklichkeit. Der amerikanische Traum hat sich einmal mehr erfüllt.

Das mag manchen zu pathetisch klingen. Und andere finden solche Parallelen zu durchsichtig, um sich darauf einzulassen. Aber diese Denkschablonen und rührseligen Märchenvorbilder waren in den Köpfen und Herzen vorhanden, als Michelle die nationale Bühne betrat. Die Bewunderung für sie im In- und Ausland war keine Erfindung amerikanischer Medien. Sie ist echt und hält auch nach vielen Monaten im Weißen Haus ungebrochen an. Das kann jeder nachempfinden, der die Gelegenheit hat, Michelle von Zeit zu Zeit bei ihren Auftritten zu beobachten. Das ist freilich gar nicht so einfach. Den Zugang muss man sich erkämpfen. Das neue Idol der Afroamerikaner ist sie sowieso – und das ist gewiss die leichtere Übung. Die schwarzen Bürger sind ganz besonders dankbar für Vorbilder aus ihrer Mitte, zu denen sie mit Stolz aufschauen können. Im Sport, in der Musikindustrie und im Filmgeschäft gibt es sie seit Jahrzehnten zuhauf: Schauspielerinnen wie Halle Berry und Angela Bassett, Sängerinnen wie Jennifer Hudson und Beyoncé, Basketballer wie Michael Jordan und Kobe Bryant, Talkshow-Queens wie Oprah Winfrey und Whoopi Goldberg. Doch in der Politik sind sie eine seltene Ausnahme, zumal unter den höchsten Repräsentanten des Staates. Michelle fliegt fast automatisch die Zuneigung der afroamerikanischen Bürger zu. Sie ist jedoch auch zu einer Identifikationsfigur für die große Mehrheit der weißen Amerikaner geworden, ebenso der Latinos und der Asiaten in den USA. Das ist alles andere als selbstverständlich.

Ihr Erfolg lässt sich erklären. Er kam jedoch nicht automatisch nach all dem Misstrauen, mit dem ein nicht unerheblicher Teil des weißen Amerika noch während des Wahlkampfs auf sie geblickt hatte. Was also ist ihr Geheimnis? Begleiten wir sie doch einfach zu ein paar typischen Auftritten.

Die Nachbarin

Wenige Wochen nach der Amtseinführung besucht Michelle am frühen Nachmittag «Mary's Center» in Adams Morgan. Das Viertel gehört zur erweiterten Nachbarschaft des Weißen Hauses, zu Fuß wäre es ein Spaziergang von etwa 30 Minuten, direkt nach Norden, die Flussterrassen hinauf, die der Potomac in die Hügel gegraben hat. Michelle ist natürlich mit dem Auto gekommen und mit der üblichen Eskorte aus persönlichen Assistentinnen und Wachleuten. Adams Morgan ist bekannt für seine bunte Kneipenszene und die internationale

Küche der Restaurants dort. Der Stadtteil beherbergt Bürger mit sehr unterschiedlichen Einkommen. «Mary's Center» bietet zahlreiche kommunale Dienstleistungen an: Gesundheitsversorgung, Schwangerschaftsberatung, Aidstests, Tagesbetreuung für Kinder samt Nachhilfe für alle Altersgruppen von der Vorschule bis zur High School. 20 Minuten lässt sich die First Lady durch die Abteilungen führen, plaudert mit Personal und Patientinnen, stellt fachkundige Fragen. Schließlich hat sie jahrelang in Chicago im Nachbarschaftsprogramm der Universitätsklinik gearbeitet, die in einer Gegend mit ähnlichen sozialen Bedingungen liegt.

Die nächste Tür führt in einen fensterlosen Raum, in dem Drei- bis Fünfjährige spielen und offenkundig darauf warten, dass die First Lady ihnen aus dem Bilderbuch «Brown Bear, Brown Bear, What Do You See?» vorliest. Michelle ignoriert den für sie bereitgestellten Stuhl mit dem Buch und hockt sich in ihrer grauen Wollhose und ihrem weißen Stretchpullover zwischen die Kinder auf den Boden. «Hey, ich heiße Michelle und bin mit dem neuen Präsidenten verheiratet. Kennt ihr seinen Namen?» – «Barack Obama», ruft ein Mädchen namens Anise wie aus der Pistole geschossen. David dagegen ist scheu und rangiert weiter stumm mit seinen Spielzeugautos, als die First Lady ihn mehrfach anspricht und schließlich fragt, ob er ihr vielleicht ein spanisches Wort beibringen wolle. Wie heißt «braun» auf Spanisch? Das nehmen andere Kinder als Stichwort und betteln nun: «Brown Bear, Brown Bear.» Michelle greift nach dem Kinderbuch: «Wenn ihr wüsstet, wie oft ich das meinen Töchtern vorgelesen habe. Wahrscheinlich eine Million Mal.» Da drängt Anise wieder in den Vordergrund. «Ich weiß deren Namen. Eine heißt Sasha.» Michelle lächelt.

Offenkundig kennt sie das Buch in der Tat auswendig. Sie blickt über die Seiten hinweg die Kinder an, als sie von der gelben Ente und dem blauen Pferd vorliest. Sie flicht ein

«Miau» ein, als sie zur Seite mit der lilafarbenen Katze blättert, bellt mit den Kindern, als der weiße Hund auftritt, und fragt schließlich, welche Farbe der Fisch habe. Manche sagen: «Golden», andere: «Orange.» Michelle schlägt vor, die Kinder sollten gemeinsam einen «Teambeschluss» fassen. Die vorletzte Abbildung zeigt einen Lehrer. «Wo sind eure Lehrer?», fragt sie. «Du bist heute unsere Lehrerin», entgegnet ein Mädchen, noch bevor Anise den Mund aufmachen kann, und fährt neugierig fort: «Wo wohnst du eigentlich?» – «Nicht sehr weit von hier, immer die Straße runter», sagt Michelle und nimmt, ehe sie den Raum verlässt, alle Kinder in den Arm.

Zum Abschluss des Besuchs setzt sie sich einige Türen weiter mit neun Jugendlichen im Alter von 16 bis 18 Jahren zusammen.

«Warum sind Sie eigentlich zu uns gekommen?», fragt einer herausfordernd.

«Ihr gehört zu meiner neuen Nachbarschaft, und meine Eltern haben mich dazu erzogen, dass man seine Nachbarn kennen und sich um sie kümmern soll», erklärt Michelle sanft. «Barack hatte gerade zu viel Arbeit, um mitzukommen. Meine beiden Töchter sind noch in der Schule. Da dachte ich mir, ich nutze die Zeit, um euch zu treffen.»

Kürzlich, sagt ein anderer Jugendlicher bedrückt, sei draußen auf der Straße ein Obdachloser gestorben und die Menschen seien achtlos an ihm vorbeigegangen. Respekt vor den Mitmenschen und soziale Verantwortung könne man nicht befehlen, antwortet Michelle. Sie müssen von jedem Einzelnen kommen. Die Regierung, die Gesetze, die Polizei seien nur ein Teil der Lösung. Der menschliche Umgang lasse sich nicht per Gesetz erzwingen. Da müssen die Eltern Vorbilder sein. Doch auch bei solchen Treffen wie hier im Zentrum könnten sich Jugendliche darüber austauschen, wie man sich richtig verhält. «Was für eine Art von Nachbar wollt ihr sein? Schaut ihr auch weg, wenn ihr einen Toten seht oder ein Verbrechen beobachtet, oder ruft ihr die Polizei? Darüber müssen wir uns alle zusammen, als Gesellschaft, unterhalten.»

Schwarz und doch nostalgisch

Besuche wie in «Mary's Center» hat Michelle in den ersten Monaten dutzendfach absolviert. Sie geht in die Schulen und Kirchengemeinden in der Umgebung ihres neuen Zuhauses. Zwei Monate nach Amtsantritt gibt sie in «Miriam's Kitchen», einer Armenküche nur anderthalb Kilometer westlich des Weißen Hauses, Mittagessen an Bedürftige aus. Auf diese Weise hat sie das Bild einer First Lady geprägt, die den Kontakt zum Alltag einfacher Bürger sucht. Es ist ein Ausgleich zu den Fernsehbildern ihrer glamourösen Auftritte bei feierlichen Anlässen im Weißen Haus oder bei gekrönten Häuptern in Europa. Auch die sind stilbildend. Die Bürgerinnen und Bürger wollen sich schließlich würdig von ihrer weiblichen Nummer eins repräsentiert fühlen. Aber zugleich zeigt diese Frau Bodenhaftung. Sie demonstriert sehr traditionelle Tugenden: Mitgefühl, Nachbarschaftshilfe, Solidarität. Das sind zwar nicht exklusiv amerikanische Werte. Aber in weiten Teilen der USA wird oft so getan, als sei dies speziell amerikanisch. Und nun lassen die Fernsehanstalten die ganze Nation an solchen Bildern von Michelle teilhaben.

Als die Obamas sich um den Spitzenjob im Weißen Haus bewarben und als sie die Wahl gewannen, da verkündeten die Medien, was für eine Revolution diese Entwicklung für die Geschichte der USA bedeute. Das vorherrschende Gefühl war Aufbruchsstimmung. Und wie immer, wenn von einer neuen Epoche mit Reformen und ganz viel Veränderung die Rede ist, machte diese Aussicht einem Teil der Bürger Angst.

Im Fall der Obamas hatte die Scheu vor dem Neuartigen eine zusätzliche Komponente: Der neue Präsident und seine Frau sind Afroamerikaner. Die meisten Weißen in Amerika pflegen keinen engen Kontakt mit Schwarzen. Ihnen fehlte eine gefestigte Vorstellung, was da auf sie zukommt mit der ersten schwarzen First Family im Weißen Haus.

Doch diese Michelle, die sie nun über Fernsehen, Zeitungen und Illustrierte wahrnehmen, kommt ihnen beruhigend bekannt vor. Sie wirkt auf die Bürger wie eine Wertkonservative. Man kann ihre Hautfarbe glatt vergessen. Sie hört sich wie eine Weiße an. Das gilt besonders, wenn sie über den Wert der Familie spricht. Sie tut das oft und gern, zum Beispiel im Mai 2009 beim Treffen von «Corporate Voices for Working Families» in einem Washingtoner Hotel. Der Verband vertritt die Interessen von Familien, in denen beide Eltern berufstätig sind. Die Vorsitzende Donna Klein hat zwar im Wahlkampf Hillary Clinton unterstützt, aber das spielt jetzt keine Rolle mehr. Michelle eröffnet die Tagung mit einer achtminütigen Ansprache. Zu schwarzen Hosen trägt sie eine kurzärmelige Bluse mit großen Blumenmustern in kräftigen Sommertönen: rot, gelb, pfirsichfarben, violett. Die Bluse wird in der Taille von einem 15 Zentimeter breiten Gürtel in Hellbraun mit goldenen Verzierungen zusammengehalten. Rechts und links hinter dem Rednerpult sind zwei US-Flaggen aufgepflanzt.

Der Termin ist wie ein Elfmeter ohne Torwart für Michelle. Sie kann aus der eigenen Erfahrung schöpfen und humorvoll über ihre neue privilegierte Stellung scherzen. Neuerdings habe sie ja eine Stabschefin sowie eine persönliche Assistentin «und tonnenweise weitere Unterstützung». Sehr hilfreich sei das und sie könne nur sagen: Jede Frau in Amerika sollte Anspruch auf einen Stabschef und persönliche Assistenten haben. Die Doppelbelastung von Familie und Arbeit lasse sich dann viel leichter bewältigen. Sie weiß, wovon sie redet. Sie war ja selbst eine berufstätige Mutter, die

21

ihre Verantwortung zuhause mit den Anforderungen des Jobs zu vereinbaren hatte. Und später eine Vorgesetzte, die Verständnis zeigen musste, wenn Untergebene wegen kranker Kinder überraschend daheim blieben. «22 Millionen Frauen in Amerika haben nicht einen einzigen bezahlten Krankentag», empört sich Michelle. «Stellen Sie sich das mal vor: wählen zu müssen, ob das kranke Kind Vorrang hat oder der Lohn, auf den man angewiesen ist.» Da müsse die Privatwirtschaft einfach innovativer werden und intelligente Modelle anbieten, wie sich Familie und Berufstätigkeit vereinbaren lassen.

Natürlich darf auch hier der Rückblick auf ihre eigene Kindheit nicht fehlen. «Als ich aufwuchs, waren die Verhältnisse für Arbeiterfamilien noch ganz anders. Wir hatten nicht viel Geld. Mein Vater verrichtete körperliche Arbeit für die Stadt im Schichtdienst. Auch ohne höhere Ausbildung konnte er unsere vierköpfige Familie ernähren. Wir wohnten zur Miete und haben uns nicht viel geleistet. Aber meine Mutter konnte es sich erlauben, zu Hause bei den Kindern zu bleiben. Sie hatte die Wahl, nicht arbeiten zu gehen, als wir aufwuchsen.» Heute sei das anders. «Ein Gehalt reicht nicht mehr. In den meisten Familien müssen beide Eltern verdienen, selbst wenn sie es anders lieber hätten. Ganz schwer haben es die alleinerziehenden Mütter, und es gibt Millionen davon in unserem Land.»

Berufstätige Frauen, alleinerziehende Mütter, Alltagsprobleme bei der Herausforderung, Arbeits- und Familienleben in Einklang zu bringen – das sind häufige Grundmotive bei Michelles Auftritten. Darin kann sich ganz Amerika wiedererkennen, unabhängig von der Hautfarbe. Oft schlägt sie einen nostalgischen Ton an: Früher war das Leben einfacher … Das trägt ihr Sympathien ein. Erstens generell. Und zweitens gerade in den Wählerschichten, die manche Vorbehalte gegen schwarze Politiker und in der Konsequenz auch gegen eine Afroamerikanerin als First Lady hatten.

Allgemein empfinden es weiße Amerikaner als überraschend, wenn schwarze Mitbürger in Nostalgie verfallen. Von Bill Cosby, dem dunkelhäutigen Entertainmentstar, stammt der Satz: «Afroamerikaner sind die einzigen Menschen, die sich nicht auf ‹die gute alte Zeit› berufen können.» Auch nach der Abschaffung der Sklaverei gab es für die überwältigende Mehrheit der Schwarzen keine idyllischen Lebensverhältnisse, die als Bezugspunkt für eine sehnsuchtsvolle Rückwendung zu früheren Zeiten dienen könnten. Nun aber tritt die First Lady auf und beschwört eine «gute alte Zeit» auf ganz ähnliche Weise, wie das weiße Familien in den USA millionenfach tun. Für Michelle ist das nichts Neues. Sie hat diesen psychologischen Kniff schon während der zwei Jahre Wahlkampf erfolgreich eingesetzt. Als Kandidatenfrau hatte sie damit jedoch nur Wähler erreicht, die ohnehin neugierig auf die Obamas waren. Seit Michelle die First Lady ist, hören ihr auch Amerikaner zu, die ihr zuvor wenig Aufmerksamkeit schenkten. Und sie entdecken zu ihrem Erstaunen eine Afroamerikanerin, die gar nicht «schwarz» klingt, sondern ganz ähnlich über ihre Kindheit erzählt, wie das weiße Amerikaner tun.

Die USA sind eine sehr diverse Gesellschaft. Der Anteil ethnischer, religiöser und kultureller Minderheiten ist weit höher als in Deutschland und anderen Staaten Europas. Das bedeutet aber nicht, dass sich die Angehörigen der unterschiedlichen Gruppen im Alltag ständig begegnen und ein realistisches Bild voneinander entwickeln. Die Mehrzahl der weißen Arbeiterfamilien in Ballungsräumen und die Mehrzahl der weißen Landbevölkerung hat wenig Kontakt mit Afroamerikanern und empfindet eine innere Ferne zu deren Lebensstil. Hinzu kommt, dass sich die beiden Gruppen dort, wo sie doch einmal aufeinandertreffen, als Rivalen fühlen. Sie konkurrieren auf dem Arbeitsmarkt um Jobs der unteren Gehaltsklassen – und auf dem Immobilienmarkt um die erschwinglichen Wohnungen und Häuser.

23

Weiße Amerikaner der unteren Bildungsschichten haben zudem das gängige Bild von den typischen Familienverhältnissen der Afroamerikaner besonders stark verinnerlicht. Es mischt sich aus traurigen statistischen Belegen und Vorurteilen, zum Beispiel dem Bild von der «Welfare Queen». Ronald Reagan, der letzte Präsident vor Obama, der eine überwältigende Zustimmung in den meisten Bevölkerungsgruppen genoss, hatte es in seinen Wahlkämpfen verbreitet: Er prangerte junge, meist afroamerikanische Frauen an, die angeblich von der Sozialhilfe für ihre oft unehelichen Kinder leben. Solche Fälle gab es. Zur Verallgemeinerung taugten sie nicht. Wahr ist aber auch, dass Teenagerschwangerschaften, alleinerziehende Mütter und leibliche Väter, die vor der Verantwortung für die von ihnen gezeugten Kinder fliehen, unter Afroamerikanern weit häufiger vorkommen als unter Weißen in den USA. Nur die Hälfte der schwarzen Kinder wächst in einer traditionellen Familie mit Mutter und Vater auf.

Wie schon im Fall der Nostalgie ist Michelle auch da für einen Überraschungseffekt gut. Sie ist verheiratet – seit mehr als anderthalb Jahrzehnten mit demselben Mann. Sie hat zwei süße Töchter. Und diese vier Menschen gehen in der Öffentlichkeit liebevoll miteinander um. Michelle steht für das genaue Gegenteil des vorurteilsbeladenen Bildes von den angeblich typischen schwarzen Familienverhältnissen. Sie verkörpert die heile Familie.

«Mom in Chief» – Die ideale Mutter der Nation

«Meine wichtigste Aufgabe ist die einer Mutter.» Das ist vermutlich der Satz, den Michelle am häufigsten politisch einsetzt. Sie benutzt ihn in Schulen, in Interviews – und selbst bei der Begegnung mit rund tausend Angestellten der Umweltschutzbehörde EPA (Environment Protection Agency). Nach und nach hat sie alle Ministerien und Bundesbehörden besucht. Die EPA ist in einem klassizistischen Gebäudekomplex mit griechischen Säulen, tempelartigen Giebeln und Friesen untergebracht, der einen ganzen Straßenblock an der Constitution Avenue der Hauptstadt einnimmt. Manche Bedienstete haben sich bereits zwei Stunden vor der Ankunft der First Lady in die Schlange vor den Türen zum Mellon-Auditorium eingereiht, um drinnen einen Platz mit guter Sicht zu ergattern. Die zwei Leitmotive in Michelles siebenminütiger Rede sind Aufbruchsstimmung und Verantwortung für die Kinder. «It's a new day» – ein neuer Tag ist angebrochen, ruft Michelle unter dem Jubel der Beschäftigten, die sich unter George W. Bush oft gebremst sahen in ihrem Bemühen um Umwelt- und Klimaschutz. Doch als ultimative Begründung für die Kursänderung unter ihrem Mann führt sie nicht Daten zur Erderwärmung oder abstrakte Überlegungen zur Verantwortung gegenüber nachfolgenden Generationen an. Das Ziel der EPA hat für Michelle zwei konkrete Namen: «Malia und Sasha Obama brauchen euch!» Und mit ihnen «Millionen weiterer Kinder». Die Gesundheit und die Sicherheit der eigenen Kinder «hat für mich wie für jede Mutter und jeden Vater oberste Priorität». «Ihr habt die Zukunft in den Händen», sagt sie den EPA-Angestellten. «Ihr müsst dafür sorgen, dass unsere Kinder sauberes Wasser trinken, reine Luft atmen und dass die Belastungen durch aufgegebene Fabriken in der Nachbarschaft beseitigt werden.»

Michelle hat sich von Anfang an vorgenommen, ein Vorbild für die Erziehung von und den Umgang mit Kindern zu setzen. Das stellt sie freilich vor ein Dilemma. Um das Ziel zu erreichen, muss sie über ihre beiden Töchter reden und sie gelegentlich auch der Öffentlichkeit zeigen. Zugleich möchte sie Malia und Sasha aber vor dem Medienrummel bewahren.

Sie sollen möglichst «normal» aufwachsen, soweit sich das für Präsidentenkinder überhaupt erreichen lässt. Im Wahlkampf hatten Barack und sie eine einzige Ausnahme gemacht und sich hinterher geschworen, das nie zu wiederholen. Am 4. Juli 2008, Amerikas Nationalfeiertag und zugleich Malias zehntem Geburtstag, gaben alle vier dem TV-Kanal «Access Hollywood» ein Familieninterview. Was die beiden Mädchen bei der seichten Plauderei vor einem Stallgebäude in Montana von sich gaben, waren keine Patzer oder schädlichen Enthüllungen. Aber es war auch nicht gehaltvoll oder politisch hilfreich. Und doch wurden Schnipsel daraus in den Folgetagen von fast allen anderen Fernsehsendern schier endlos wiederholt. «Peinlich» finde sie ihren Daddy manchmal, sagte Malia zum Beispiel. Der gebe ihren Freundinnen die Hand, statt einfach «Hi» zu sagen. Die Aussicht, im Weißen Haus zu leben, fanden die Mädchen begeisternd, weil sie mit ihrem Zimmer dort tun können, was sie wollten, etwa ganz neu einrichten. Und das Schlimmste? «Streiten. Das sollen wir nicht. Dann sagen uns Mom und Dad, wir seien das Liebste, was sie im Leben haben.» Übrigens erfuhr die Nation damals schon, dass Malia und Sasha sich zum Dank für ihre Kooperation während der Kampagne nach dem Wahltag einen Hundewelpen aussuchen dürften. Doch das hatten die meisten bis zum 4. November wieder vergessen und nahmen es als Neuigkeit auf, als der frisch gewählte Präsident das Versprechen in seiner Siegesrede erneut abgab.

Seither haben Michelle und Barack zwar immer wieder über ihre Töchter geredet. Und gelegentlich standen diese mit ihren Eltern auf der Bühne und kamen damit auch ins Fernsehen, etwa am Abend des Wahlsiegs oder bei der feierlichen Amtseinführung am 20. Januar 2009. Aber in offene Reportermikrofone mussten – oder durften – Malia und Sasha nicht mehr sprechen. Gelegentlich veröffentlichen Illustrierte und Zeitungen noch Bilder von ihnen: auf dem Schulweg, beim

Fußballspiel in ihrem Club, am Eiffelturm in Paris, wohin die erste Ferienreise im Sommer 2009 führte, oder wenn die ganze Familie den Hubschrauber zum Wochenendausflug nach Camp David besteigt. Doch eigentlich sind Malia und Sasha für die Berichterstattung tabu. Das Weiße Haus übt bisweilen Druck auf Medien aus, die Privatsphäre der Kinder zu respektieren. Und ebenso auf die Spielzeugindustrie. Der Konzern Ty Inc. beugte sich und stellte die bereits begonnene Produktion von zwei Puppen namens «Fabelhafte Malia» und «Süße Sasha» im Januar 2009 wieder ein. Wenn Michelle auf solche Weise wie eine Löwenmutter ihren Nachwuchs schützt, darf sie sich des Respekts der meisten Amerikaner sicher sein.

Was über Leben und Erziehung der beiden Töchter für die Öffentlichkeit bestimmt ist, erfährt die Nation fast ausschließlich aus dem Mund ihrer Mutter oder von deren Pressesprecherin Katie McCormick-Lelyveld. Die Devise lautet: Die Mutterpflichten kommen zuerst, die Aufgaben als Ehefrau eines Politikers oder nun als First Lady seien nachgeordnet. Die «Mom in Chief» lege bei ihren Töchtern Wert auf Ordnung, Selbstdisziplin und Bescheidenheit. Die Regeln für den Alltag der Töchter, die zuhause in Chicago galten, haben die Obamas nach dieser Darstellung ins Weiße Haus übertragen. Ab 20.00 Uhr gilt Bettruhe für Malia und Sasha. Beide sind selbst dafür verantwortlich, dass sie ihren Wecker stellen und rechtzeitig für die Schule aufstehen.

Das Weiße Haus hält viele Attraktionen für Kinder bereit – ein Schwimmbad, ein Kino, eine Bowlingbahn, dazu Köche und anderes Dienstpersonal rund um die Uhr, die jeden Wunsch erfüllen könnten. Aber Michelle sagt, sie habe die Angestellten seit dem ersten Tag angewiesen, Malia und Sasha nicht zu verwöhnen. «Ihr könnt mein Bett machen, aber nicht die Betten der Kinder. Die müssen das selbst lernen.» Hausaufgaben sind zu erledigen, ehe die Vergnügungen beginnen. Kinder brauchen feste Regeln und tägliche Routine, gerade wenn sich so vieles um sie herum verändert, glaubt ihre Mutter. Fernsehen ist nur begrenzt erlaubt, sowohl zeitlich als auch inhaltlich. Freilich gelten da nicht die allerstrengsten Vorgaben.

Schon wegen der Sicherheitsvorkehrungen hat die gewünschte Normalität Grenzen. Malia und Sasha können nicht ganz spontan Schulfreunde besuchen oder auf der Straße vor dem Haus spielen. Sie bekommen in Washington wie zuvor in Chicago Ballettunterricht, und sie haben auch in der neuen Stadt einen Fußballclub gefunden, in dem sie am Wochenende Soccer spielen, europäischen Fußball.

Soweit die Töchter vom normalen Leben draußen abgeschnitten sind, versuchen die Obamas, die typischen Inhalte eines amerikanischen Kinderlebens ins Weiße Haus zu holen. Dazu gehört das sogenannte «Sleepover»: Gelegentlich lädt man seine Freundinnen oder Freunde zum Übernachten ein, meist im Schlafsack. Auch Malia und Sasha dürfen solche Gäste haben.

Dieses Bild von der «ganz normalen» Mutter, die ihre «ganz normalen» zwei Töchter so erzieht wie Millionen Durchschnittsfamilien quer durch die 50 Staaten der USA, hat die Popularität der First Lady enorm befördert. Natürlich stimmt es nur bis zu einer gewissen Grenze. Michelle war, ehe sie die Berufstätigkeit für den Wahlkampf vom Frühjahr 2007 an unterbrach, eine hochbezahlte Karrierefrau mit einem Jahresgehalt über 200000 Dollar. Schon in Chicago gingen Malia und Sasha auf eine teure Privatschule, die «University of Chicago Laboratory Schools». In Washington fiel die Wahl auf Sidwell Friends, eine Privatschule, die Erfahrung im Umgang mit prominenten Kindern, dem Schutz ihrer Privatsphäre und den Sicherheitsvorkehrungen hat. Das letzte Präsidentenkind, das eine öffentliche Schule besuchte, war Amy, die Tochter Jimmy Carters, in der zweiten Hälfte der 70er Jahre. Doch schon sein Vorvorgänger Richard Nixon wählte Sidwell Friends für seine Tochter Tricia. Dorthin gingen auch die Clinton-Tochter Chelsea, der Sohn des damaligen Vizepräsidenten Al Gore, Albert, und heute mehrere Enkel des aktuellen Vizepräsidenten Jo Biden. Sasha Obama kam im Januar 2009 in die zweite Klasse, Malia in die fünfte. Das Schulgeld beträgt pro Kind rund 30 000 Dollar im Jahr.

Forderungen aus dem linken Spektrum der Demokratischen Partei, die Vorbildfunktion der Präsidentenfamilie verlange, dass die Töchter eine öffentliche Schule besuchen, verstummten rasch. Hillary Clinton, Obamas Rivalin um die Präsidentschaftskandidatur, hatte kurz zuvor nochmals begründet, warum sie ihre Tochter Chelsea Anfang der 90er Jahre nach Sidwell Friends geschickt hatte: «Man hatte uns beraten, dass die Medien sie nie in Ruhe lassen würden, wenn sie auf eine öffentliche Schule ginge.» Eine Privatschule lässt sich leichter gegen unerwünschte Blicke abriegeln. Die Klassenkameraden dort und deren Eltern lassen sich auch verlässlicher vergattern, nichts Internes zu erzählen.

Eine perfekte Familie

Die Obamas waren sich des Risikos wohl bewusst, in den Ruf einer elitären Familie zu geraten, die wenig mit dem Alltag gewöhnlicher Amerikaner gemein habe. Sie bemühten sich um Bilder, die den gegenteiligen Eindruck erwecken. Und wieder waren es nicht progressive, sondern konservative Attribute, die ihnen dabei halfen. Die perfekte Familie in Amerika ist vor allem eine perfekt traditionelle Familie. Zu ihr gehören ein Haustier, vorzugsweise ein Hund – und die Arbeit auf der eigenen Scholle.

29

Den Hund hatten Michelle und Barack ihren Töchtern, wie wir bereits wissen, schon im Wahlkampf versprochen. Malia und Sasha hatten, als ihr Vater Senator war, mit ihm das Weiße Haus besucht und erfahren, dass der damalige Hausherr George W. Bush einen Scottish Terrier namens Barney besaß. Genau genommen waren es sogar zwei: Barney und Miss Beazley. Seither hatten sich die Obama-Töchter in den Kopf gesetzt, dass auch sie dort einen Hund haben müssten. Nachdem Barack Obama die Zusage vor der ganzen Nation in der Siegesrede am 4. November 2008 bekräftigt hatte, konnte sich die Familie vor Ratschlägen kaum noch retten. Ein reinrassiges Tier müsse es sein, forderte der Züchterverband. Nicht doch, entgegneten die sozial Engagierten: Die Obamas sollten einen Hund aus dem Tierheim retten. Von da an dauerte es noch volle fünf Monate, bis Malia und Sasha den ersehnten Vierbeiner im April 2009 tatsächlich bekamen. Die regelmäßige Berichterstattung über den Stand der Angelegenheit half den Obamas, ihr Image als amerikanische Familie zu schärfen.

Über Wochen zog das Weiße Haus stillschweigend im Hintergrund die Fäden. Nur kurz vor Schluss entglitt der Presseabteilung die Kontrolle über die öffentliche Berichterstattung doch noch. An Ostern 2009 sickerte die Lösung des Rätsels an die Öffentlichkeit durch. Eine mysteriöse Internetseite namens «FirstDogCharlie» hatte den Hund von der Leine gelassen und damit die «Washington Post» in Zugzwang gebracht. Die hatte gehofft, die Story exklusiv zu bekommen. So kursierten an den Osterfeiertagen plötzlich zwei verschiedene Fotos des neuesten Familienmitglieds: ein sechs Monate junger Portuguese Waterdog namens Bo.

Trotz seines kurzen Hundelebens rankten sich mehrere anrührende Geschichten um ihn. Er war mit solchen Berühmtheiten wie den Kennedys in Berührung gekommen. Er trägt schon seinen dritten Namen und musste mehrfach den

Haushalt wechseln. In einer Geheimaktion war Bo, einige Wochen bevor er endgültig einzog, sogar schon einmal zum Kennenlernen ins Weiße Haus gebracht worden. Diese Operation unter dem Decknamen «The Meeting» war den Medien damals verborgen geblieben. Das Weiße Haus ließ nun folgende Details durchsickern: Auch für Malia, damals zehn, und Sasha, sieben Jahre alt, war es eine Überraschung. Alle Beteiligten seien sich von Beginn an sympathisch gewesen. Der Hund habe gleich erkannt, wer Herr im Hause sei. Er sei dem Präsidenten gefolgt, als der im Raum herumging. Ansonsten habe er sich als gut erzogen erwiesen: Er nahm Platz, wenn die beiden Mädchen sich setzten; er stand auf, wenn sie sich erhoben. Es habe weder «Toiletten»-Missgeschicke bei dem Besuch gegeben, noch habe er Möbel angeknabbert. Aber Bo hatte ja auch Benimm-Unterricht in der Hundeschule bekommen, in die Senator Edward Kennedy seine drei Portuguese Waterdogs schickt, kurz PWDs oder «Porties».

Dass die Obamas sich für die Rasse entschieden, die Edward Kennedy liebt – mehr noch: dass seine Frau Victoria die Verbindung zu den Züchtern herstellte –, löste bei vielen Amerikanern große Gefühle aus. Er ist der einzige überlebende Bruder von John F. und Bobby Kennedy, die in den 60er Jahren erschossen wurden. Edward litt nun an Gehirntumor. Er hatte Obama 2008 zum politischen Erben der Kennedys ausgerufen. Manchen Amerikanern dient der Hund als Sinnbild, dass ein Stück der Kennedy-Saga im Weißen Haus fortlebt. Bei der Hundebetreuung geht es den Obamas nicht anders als den meisten Eltern. Natürlich hatten sie den Kindern das Versprechen abgenommen: Wenn sie sich ein Haustier so dringend wünschen, dann müssen sie sich auch im Alltag darum kümmern. Und ebenso selbstverständlich sieht die Praxis dann doch etwas anders aus. Den ersten Gang ins Freie mit dem Hund übernimmt morgens Michelle; sie ist die

Frühaufsteherin in der Familie. Und den letzten am späten Abend Barack; er ist die Nachteule. Die Mädchen sind tagsüber in der Schule. So können Reporter mit Zugang zum Weißen Haus ab und zu beobachten, wie Bo Wachleute in Uniform an der Leine hinter sich her zerrt. Wozu hat man schließlich Personal!

Der andere Coup war die Anlage eines Gemüse- und Kräutergartens vor dem Weißen Haus. Er war einerseits eine Neuerung, bedeutete aber andererseits ein Anknüpfen an die gute alte Zeit, in der Millionen Amerikaner einen Teil ihrer Nahrungsmittel selbst angebaut hatten. Das Projekt stand für Tradition, verziert mit einer Portion Zeitgeist, in diesem Fall ökologischem Anbau. Am 20. März, dem ersten Frühlingstag der Obama-Amtszeit, sah die Nation ihre First Lady mit dem Spaten in der Hand. Einige Meter neben ihr gruben die Küchenchefin des Weißen Hauses, Cristeta Comerford, und 25 Schüler der Bancroft-Schule. Michelle verknüpfte an diesem Tag gleich mehrere Ziele miteinander. Sie bezog die Nachbarschaft mit ein, indem sie Fünftklässler der nahe gelegenen Schule einlud. In deren Einzugsbereich wohnen Familien aus einfachen Bevölkerungsschichten, die eher im billigen Supermarkt als im Ökoladen einkaufen. Diese Schüler sollen regelmäßig wiederkommen, um bei der Aussaat, der Pflege der Beete und der Ernte zu helfen. Es war zugleich ein nationales pädagogisches Anliegen, mit dem Michelle für körperliche Bewegung und gesunde Ernährung warb. 55 Sorten sollen auf den 110 Quadratmetern wachsen, darunter Paprika, Spinat, Rucola und eine Auswahl von Kräutern.

Der Garten sichert Michelle einen unübersehbaren Platz in der langen Geschichte der Bewohner des Weißen Hauses und ihres Umgangs mit dem zugehörigen weitläufigen Grundstück. Einen Vorzeigegemüsegarten, erläuterten Historiker des Weißen Hauses, hatten Ernährungsexperten seit Jahrzehnten gefordert. Jimmy Carter, der Erdnussfarmer aus Georgia,

schwärmte zwar von den Vorzügen des persönlichen Lebens-
mittelanbaus, fürchtete aber um den repräsentativen Eindruck
der Rasenflächen, wenn ein Teil davon für Beete abgezweigt
werde. Die Clintons ließen einen kleinen Garten auf dem
Dach des Weißen Hauses anlegen. Die historische Abfolge,
in die Michelles Medienbetreuer die neue First Lady stellten,
reicht aber noch viel weiter zurück. John Adams, der erste
Hausherr mit ständigem Wohnsitz in 1600 Pennsylvania
Avenue, legte um 1800 einen Nutzgarten an. Im Ersten Welt-
krieg brachte Woodrow Wilson Schafe auf das Gelände. Die
Tiere, die den Rasen kurz hielten und mit ihren Ausscheidun-
gen düngten, sollten als Beispiel dienen, wie man Ressourcen
einsparen und für die militärischen Anstrengungen freisetzen
könne. Ähnlich argumentierte 1943 First Lady Eleanor Roo-
sevelt: Sie legte einen «Victory Garden» an als Anreiz für Millionen Bürger in den USA, selbst Lebensmittel anzubauen.
Auch das sollte den Truppen im Feld beim Siegen helfen.

Die Königin der Afroamerikaner

Ihren Platz in den Geschichtsbüchern hat Michelle auch ohne
Ökogarten sicher. Sie ist die erste dunkelhäutige Hausherrin
an Amerikas vornehmster Adresse. Doch diese Symbolik will
sie nicht überstrapazieren. Sie spricht nur bei wenigen speziell
afroamerikanischen Anlässen, zum Beispiel bei der Feier zu
Ehren der schwarzen Emanzipationsbewegung Ende April
2009 im Capitol. In der Eingangshalle, durch die Besucher
das Kongressgebäude betreten, wird an diesem Tag die Statue
einer Heldin des Aufbegehrens der Afroamerikaner enthüllt.
Die Arbeit stellt Sojourner Truth dar, die sich gegen ihren
Status als Sklavin wehrte. Sie war 1827 angeblich die erste

33

Schwarze, die einen Gerichtsprozess gegen Weiße in den USA gewann. Vor allem Afroamerikaner sind gekommen, und bald drängt sich der Eindruck auf, die Ehrung für Sojourner Truth sei nur ein willkommener Anlass, um ihrem wahren Idol zu huldigen: der ersten schwarzen First Lady. Bereits eine knappe Stunde vor Beginn der Zeremonie sind alle Stühle in der «Emancipation Hall», der weiträumigen Eingangshalle im neuen Besucherzentrum des Capitols, besetzt. Noch ist die Skulptur unter einem großen roten Tuch verborgen. Doch weiter strömen die Massen und stellen sich in die Gänge zwischen den Sitzreihen. Die Polizei des Capitols hat ihre liebe Mühe, wenigstens schmale Fluchtwege freizuhalten, wie es die Brandschutzvorschriften verlangen.

Dann kündigt ein Sprecher endlich die Ehrengäste an. In Wellen braust der Beifall auf, als sie einer nach der anderen ihre Plätze einnehmen: Parlamentspräsidentin Nancy Pelosi, der demokratische Mehrheitsführer im Senat Harry Reid, die republikanischen Minderheitenführer in Abgeordnetenhaus und Senat John Boehner und Mitch McConell, Außenministerin Hillary Clinton und die Chefinnen des Nationalkongresses schwarzer Frauen. Als Michelle erscheint, schwillt der Jubel besonders laut an. Bewundernde Blicke wie auf eine Königin richten sich auf sie. Ein Mädchen in gelbem Pullover thront auf den Schultern ihres Vaters und winkt aufgeregt in Michelles Richtung, um deren Aufmerksamkeit zu finden. Doch nun muss sie erst einmal stillhalten. Der Sprecher kündigt die Präsentation der Flaggen an. Als die Nationalhymne ertönt, bewegt Michelle die Lippen zum Text. Einen Mangel an Patriotismus kann man ihr schon lange nicht mehr vorhalten.

Die Ehrenwache zieht ab, Bischöfin Vashti Murphy McKenzie spricht den Segen und bittet alle Anwesenden, sich an den Händen zu fassen, im Geist der Gemeinschaft. Ein vielstimmiges, lautes «Amen» ist die Antwort. Schüler der Ron

Clark Academy, einer Kunstschule, die überwiegend Schwarze besuchen, tragen Sojourner Truth' Lebensgeschichte in Gesang und Tanz vor. Da lächelt Michelle glücklich. Fühlt sie sich an ihre eigene Schulzeit an einer herausragenden High School mit Förderklassen für Ballett und Theater erinnert? Die Reden der Politiker preisen den Kampfgeist und Emanzipationswillen, der aus Sojourner Truth' Lebensweg spricht, in immer neuen Variationen. Sie hieß eigentlich Izabella Baumfree, wurde «Belle» gerufen und war um 1797 als eines von 13 Kindern der Sklaven Elizabeth und James Baumfree im Staat New York geboren worden. Im Alter von neun Jahren wurde sie mit einer Herde Schafe für den Gesamtpreis von 100 Dollar an einen neuen Eigner verkauft und wechselte in den folgenden vier Jahren noch zweimal den Besitzer. Als sie 18 Jahre alt war, verliebte sie sich in Robert, der Sklave auf einer Nachbarfarm war. Doch der dortige Grundherr verbot die Beziehung, weil ihm die Kinder aus solch einer Verbindung nur gehören würden, wenn auch die Mutter sein Eigentum war. Nachdem Belle ein Kind von Robert geboren hatte, wurde sie gezwungen, einen älteren Sklaven namens Thomas zu heiraten, der ihrem Besitzer gehörte. Mit ihm hatte sie vier weitere Kinder, von denen das erste rasch starb.

Seit 1799 hatte das Parlament des Staates New York Wege zur Abschaffung der Sklaverei diskutiert. Als Stichdatum im Gesetz war der 4. Juli 1827 vorgesehen. Belles letzter Eigentümer John Dumont wollte sie angeblich schon 1826 freilassen, zog die Zusage aber zurück mit der Begründung, Belle habe wegen einer Handverletzung nicht die Arbeitsleistung erbracht, die für die Freilassung vereinbart war. Gegen Jahresende 1826 floh Belle mit ihrem wenige Monate alten Baby Sophia, nachdem sie, wie sie später betonte, «meinen Teil der Vereinbarung erfüllt» hatte. Die älteren drei Kinder ließ sie zurück, da die nach dem New Yorker Gesetz über die Abschaffung der Sklaverei noch für ihren Besitzer arbeiten mussten, bis sie etwas über 20 Jahre alt waren. Sie kam bei der Familie Van Wagener unter, die Belles Rechtsstreit mit Dumont durch Zahlung von 20 Dollar beilegte. Der hatte aber zugleich ihren fünfjährigen Sohn Peter in den Südstaat Alabama weiterverkauft, was er nach dem Gesetz nicht mehr durfte. Belle zog mit Hilfe der Van Wageners vor Gericht – und gewann. Peter kam zurück. Sie zog mit ihm in die Stadt New York und arbeitete als Haushälterin für einen Pfarrer. 1843 erhielt sie, wie sie sagte, die Berufung von Gott, die Wahrheit (Truth) zu verkünden, nannte sich nun «Sojourner Truth» und zog als Wanderpredigerin umher, die die Abschaffung der Sklaverei in ganz Amerika zu ihrem Anliegen machte. Ihr wohl berühmtester Auftritt war ihre von Ironie und Witz getragene Rede auf dem Kongress für Frauenrechte 1851 in Akron, Ohio, mit dem Titel «Ain't I a Woman?».

Hillary Clintons Lobrede auf Sojourner Truth nimmt die erwartbaren Wendungen und wird mit höflichem Beifall bedacht. Michelle blättert derweil im Programm. Nur an der Stelle, als Clinton ruft: «Was für eine Ehre es doch ist, dass unsere großartige First Lady hier ist» und laute «Yeah-yeah-yeah!»-Chöre antworten, blickt sie auf. Während Sheila Jackson Lee spricht, eine schwarze Politikerin, die zu den Initiatoren der Ehrung zählt, hört die First Lady aufmerksam zu. Und als die oscargekrönte afroamerikanische Schauspielerin Cecily Tyson mit bühnenreifer Imitation der Redeweise afroamerikanischer Sklaven die berühmte Rede «Ain't I a Woman?» vorträgt, klatscht Michelle ausgelassen und schüttelt mehrfach begeistert den Kopf, als wolle sie sagen: «Ist das zu glauben?»

Fast eine Stunde ist vorbei, als die First Lady ans Mikrofon tritt: hochgewachsen, in gewisser Weise ehrfurchtgebietend, aber sympathisch lächelnd. Viele hundert blicken auf sie wie auf eine Wunderheilerin. Auch hier spricht sie nur acht Minuten. Sie verkündet zwei Hauptbotschaften. «Sojourner Truth wäre stolz, diesen Moment mitzuerleben: Eine Nachfahrin von Sklaven steht hier als First Lady der Vereinigten Staaten.» Wieder schwillt der Applaus an. Michelles anderer Kernsatz zielt auf die Bedeutung dieses Tages für die vielen hunderttausend schwarzen Mädchen in den USA. «Meine kleinen Töchter können jetzt in die Emancipation Hall kommen und eine Statue finden, die äußerlich so aussieht wie sie.»

Die Patriotin

Michelle fliegen die Sympathien von weißen wie von schwarzen Amerikanern zu. Nachdem wir sie zu einigen typischen Auftritten als First Lady begleitet haben, lässt sich nachvollziehen, warum. Sie bietet vielfältige Möglichkeiten, sich mit ihr zu identifizieren. Wenn das allerdings die authentische Michelle ist, erhebt sich erst recht die Frage: Warum zog sie so viel Ablehnung und Misstrauen im Wahlkampf auf sich? Warum sagten zum Beispiel im Frühsommer 2008 nur 30 Prozent, sie hätten ein positives Bild von ihr, 35 Prozent dagegen, sie hätten einen negativen Eindruck? Lag das nur daran, dass sie sie damals noch nicht kannten und sich nun, da sie die First Lady regelmäßig im Fernsehen sehen, ein faires Bild von ihr machen? Oder ist es umgekehrt: Die echte Michelle hat auch andere, nicht ganz so sympathische Seiten, die sie damals offen zeigte, aber als First Lady spielt sie der Nation nur noch die Rollen vor, die ihr Applaus eintragen?

Ein besonders krasses Beispiel für den Wahrnehmungswandel bietet die Frage nach ihrem Patriotismus. Der schwarzen Kandidatengattin schlugen da Zweifel entgegen. Es gehört zu den generellen Urteilen − oder Vorurteilen − in den

USA, dass Afroamerikaner weniger stolz auf ihre Nation seien und weniger Vaterlandsliebe zeigten als weiße Bürger. Ob das stimmt oder ein Klischee ist, darüber kann man lange streiten. Es gibt Beispiele zuhauf, dass schwarze Führungsfiguren sich negativer über die USA äußern als Weiße. Sie prangern die herrschenden Verhältnisse an und beklagen in scharfen Worten eine bis heute andauernde Diskriminierung. Aber lässt das auf mangelnden Patriotismus schließen oder beschreiben sie nur die Realität? Für den Dienst am Vaterland melden sich im Schnitt der Jahre mehr Afroamerikaner, als es ihrem Anteil an der Bevölkerung entspricht. Für die ebenfalls oft behauptete geringere Tapferkeit schwarzer Soldaten gibt es keine Belege. Solche Vorurteile haben dennoch Bestand.

Michelle bekam sie zu spüren, als sie nach mehreren Vorwahlsiegen ihres Mannes am 18. Februar 2008 bei verschiedenen Auftritten die missverständliche Bemerkung machte, zum ersten Mal in ihrem Erwachsenenleben sei sie richtig stolz auf ihr Land – dabei hatte sie noch ausdrücklich hinzugefügt: nicht allein, weil Barack gewonnen habe, sondern weil die Menschen hungrig auf Wandel seien und weil sie spüre, wie die Hoffnung nach Amerika zurückkehre. Republikaner stellten sie fortan als Frau hin, auf deren Vaterlandsliebe kein Verlass sei. Cindy McCain, die Frau des republikanischen Spitzenkandidaten John McCain, betonte seit jenem Tag regelmäßig, sie sei schon immer stolz auf die USA gewesen.

Als First Lady besucht Michelle nun auffallend oft Schulen und preist dort das amerikanische Gesellschaftssystem, weil es jedem Kind die Chance zum Aufstieg biete. Sie nimmt sich auch Zeit für die Betreuung von Militärfamilien, voran für das Gespräch mit Frauen, deren Männer mit körperlichen und seelischen Wunden aus dem Irak oder Afghanistan zurückgekehrt sind. Barack Obama hat sie in der Rede, in der er am 27. Februar 2009 im Stützpunkt Camp Lejeune seine Pläne für den Abzug aus dem Irak darlegte, seine Beauftragte für Militärfamilien genannt. «In unzähligen Begegnungen mit Militärfamilien quer durch unser Land hat meine Frau Michelle aus erster Hand erfahren, welche Belastungen sie Tag für Tag aushalten müssen. Ich möchte, dass ihr wisst: Militärfamilien haben Toppriorität für Michelle und mich.»

Michelle macht sich also beliebt. Sie füllt viele verschiedene Rollen als First Lady aus. Damit bietet sie Anknüpfungspunkte für Frauen, Männer und Kinder aus den unterschiedlichsten Bevölkerungsgruppen. Sie war eine erfolgreiche Karrierefrau und ist doch zugleich bodenständige «Mom in Chief». Sie verbindet ein modernes Auftreten mit traditionellen Werten. Sie steht für den Beginn einer neuen historischen Epoche und wirkt doch beruhigend konservativ. Klingt das nicht widersprüchlich? Spielt sie der Nation diese Rollen womöglich nur vor und ist sie in Wahrheit ein ganz anderer Mensch?

Um das beurteilen zu können, müssen wir uns ihren Lebensweg anschauen und verstehen, was sie geprägt hat. Eine erste Antwort gibt der Blick zurück in den Wahlkampf: in die rund zwei Jahre, die dem Einzug ins Weiße Haus vorausgingen.

Gezähmte Naturgewalt

«Ich hoffe, die Amerikaner wollen wissen,
was für Typen ins Weiße Haus kommen.
Welchen Humor wir haben.
Was wir erreichen wollen.»

Michelle Obama in «Vanity Fair», Dezember 2007

Sie hat ihre Erfahrungen gemacht, wie vielfältig sich scheinbar eindeutige Auftritte und Aussagen deuten lassen. Sie hat
sich freilich auch aus eigenem Antrieb im Wahlkampf von
ganz unterschiedlichen Seiten gezeigt: als Sozialkritikerin, die
die fehlende Absicherung der Bürger bemängelt, als humorvolle Ehefrau, die über den Starkult um ihren Mann lästert,
und als ganz normale Mutter, die in einer braven Fernseh-
show Ratschläge für Kindererziehung erteilt. Diese Mischung
aus Kampfgeist, Witz und Pragmatismus trug ihr Beifall ein.
Sie machte aber auch einen schmerzhaften Lernprozess
durch, was eine Kandidatenfrau sagen darf und was besser
nicht. Es gab Phasen, in denen ihre Offenheit sich als eindeu-
tiger Trumpf für die Kandidatur ihres Mannes erwies. Dann
jedoch folgten Zeiten, in denen sie als Risiko für Baracks
Siegeschancen wahrgenommen wurde.

Der Wendepunkt lag im Februar 2008, und das auslösende
Moment war Michelles bereits zitierte Bemerkung in Wis-
consin, zum ersten Mal in ihrem Erwachsenenleben sei sie
richtig stolz auf Amerika. Es war kein Versprecher. Sie hatte
die Wendung nicht nur einmal benutzt, sondern in unterschiedlichen Varianten in Milwaukee und Madison. Michelle

und ihre Wahlkampfhelfer hatten die Möglichkeit, ihre Worte bewusst misszuverstehen und umzudeuten, offenbar unterschätzt. So lernte Amerika im Laufe der Jahre 2007 und 2008 zwei ziemlich unterschiedliche Michelles kennen. Diese Unklarheit, was für ein Mensch sie tatsächlich sei, weckte bei vielen Amerikanern Skepsis, ob sie ihr trauen können. Erst mit ihren Auftritten als eine First Lady, die konservative Werte repräsentiert, hat sie dieses Misstrauen überwunden.

Die doppelte Michelle

Bis zum Februar 2008 war sie ein regelrechter Wirbelwind. Sie trat als resolute Kämpferin der Benachteiligten auf. Sie pflegte ein loses Mundwerk und sprach so witzig und ungeschützt über vermeintliche Schwächen ihres Mannes, wie das die Nation noch nie von einer Kandidatenfrau erlebt hatte. Als die politischen Gegner jedoch ihre Äußerung über den Stolz auf Amerika zum Ausgangspunkt einer Kampagne machte, musste Michelle sich den Wahlkampfinteressen ihres Mannes und den Ratschlägen seiner Kampagnenmanager beugen. Es war ein bitterer Moment in ihrem Leben. Von da an trat sie als gezähmte Naturgewalt auf: weicher, braver, weiblicher. Sie tat das mit der ihr eigenen Disziplin und Professionalität. Aber es hat sie auch verletzt. Denn mit der Frage, zu wie viel Anpassung ein Mensch bereit sein muss und wo eine falsche und schädliche Selbstverleugnung beginnt, hatte sie schon früher in ihrem Leben gehadert.

Für Michelle begann der aktive Wahlkampf am 10. Februar 2007. An dem Tag erklärte ihr Mann seine Präsidentschaftskandidatur. Kurz zuvor hatte Michelle in ihrem Job als Direktorin der Kommunikationsabteilung des Universitäts-

klinikums auf Teilzeit reduziert. Von nun an half sie ihrem
Mann bei der Werbung um Wählerstimmen. Teils trat sie mit
ihm auf, teils als alleinige Rednerin. Bei gemeinsamen Veranstaltungen führte sie ihn ein, zumeist mit einer gehörigen
Portion Spott. Das machte ihn erstens menschlicher und damit sympathischer. Zweitens konnte er umso besser glänzen,
wenn sie ihn zuvor vom Sockel heruntergeholt hatte. Er
konnte anfangs etwas zu abgehoben, intellektuell und elitär
wirken. Seine beiden Bücher «Dreams from My Father» und
«The Audacity of Hope» waren zu Bestsellern geworden. Für
die von ihm selbst gelesene Hörbuchfassung hatte er einen
Grammy bekommen. All das nutzte Michelle, um über den
angeblichen Superman zu spotten. «Ich höre, er ist ein ein-
drucksvoller Mann. Ein großartiger Redner. Ein Juraprofes-
sor. Ein Bestsellerautor. Und ein Grammy-Gewinner. Bewun-
dernswert!» Doch «wie bringe ich das in Einklang mit dem
Typen, der bei mir zuhause lebt? Seine fünfjährige Tochter ist
besser im Bettenmachen als er.» Barack flachste dann gern
zurück: «Sie sollte ins Rennen gehen. Sie ist klüger, sieht besser aus und teilt härter aus. Sie kann viel gemeiner sein als ich.
Nur leider ist sie zu intelligent, um sich das anzutun.»

Es waren neue Töne für einen amerikanischen Wahlkampf.
Die Bürger waren es gewohnt, dass eine Kandidatenfrau ihren
Ehemann öffentlich anhimmelt und es vermeidet, so zu tun, als
sei sie klüger als er. Bei den Obamas funktionierte die ungewöhnliche umgekehrte Rollenverteilung wohl auch deshalb
so gut, weil sie authentisch wirkte. Ihre Freunde sagen, das Paar
halte sich privat ebenfalls an die Abmachung: Sie darf sich über
ihn lustig machen, er umgekehrt nicht. Die einzige, entfernt
kritische Bemerkung, die Barack öffentlich über Michelle gemacht hat, ist die Andeutung in seinem Buch «The Audacity
of Hope», sie habe ein Talent, Strafzettel zu kassieren.

Für ihre Einzelauftritte hatte sich Michelle bald eine eigene
45-minütige «stump speech» zurechtgelegt. So nennt man in

den USA die Grundfassung einer Wahlkampfrede, die sich an verschiedenen Orten beliebig oft einsetzen lässt. Es war eine muntere Mischung aus politischen Zielen und Pointen, die verlässliche Lacher im Publikum auslösen. Sie begann meist mit einer düsteren Beschreibung, was für ein trauriges Land Amerika unter George W. Bush geworden sei: politisch gespalten, in Furcht vor Terror, mit zynischen Einstellungen zu Geld und Karriere. Viele Familien fänden kaum noch ihr Auskommen. Oft folgte die nostalgische Beschreibung ihrer Kindheit, die sie auch heute als First Lady erfolgreich einsetzt. Zwischendurch lockerte sie die Atmosphäre mit Scherzen über Barack auf, die zum Teil ziemlich weit gingen. Morgens sei ihr Mann «stinky and snorey» – frei übersetzt: ein Morgenmuffel, der schnarcht und unangenehm riecht, weshalb die Töchter ungern zu ihm ins Bett kriechen. Sie verriet auch, dass sie ihm eine Bedingung gestellt habe, ehe sie ihm die Präsidentschaftskandidatur erlaubte. Er müsse das Rauchen aufgeben. Die Bürger sollten doch, bitte, darauf achten, ob er seine Zusage auch einhält.

Für die Wahlkampfstrategen war Michelle ein Geschenk. Doch zugleich verursachte sie ihnen Schweißausbrüche. Sie ist eine Sympathieträgerin, das ließ sich schwer bestreiten. Sie wirkte auf viele Bürger so einnehmend, gerade weil sie kein Blatt vor den Mund nahm. Doch zugleich war sie ein Risiko. Wer konnte schon verlässlich einschätzen, wie viele der Zuhörer es sympathisch fanden, wenn sie über ihren Mann herzog – und wie viele seine häuslichen Unzulänglichkeiten entweder als Charakterschwäche interpretierten oder den Ton als unpassend für eine Präsidentschaftskampagne empfanden?

Im Sommer 2007 erwies sich die offensive Michelle als Glücksfall für Barack. Wenn es um Fairness ihm gegenüber geht, kann sie kämpfen wie eine Löwin. Amerika führte damals die für Außenstehende etwas sonderbare Debatte, ob Barack «schwarz genug» sei, um die Stimmen der Afroamerikaner zu gewinnen. Sein Vater war ein Gaststudent aus Kenia, die Mutter eine Weiße aus Kansas. Barack war also streng genommen nur zur Hälfte ein Schwarzer. Doch im Kern ging es nicht um die Pigmentierung seiner Haut, sondern um die Frage, ob er nicht ganz anders geprägt sei als die Afroamerikaner, die im Slum einer US-Großstadt aufwachsen? Dort spielen Rassengegensätze eine große Rolle, man muss sich im Kampf gegen weiße Polizei und die Gangs anderer Gruppen behaupten. Barack war auf dem vergleichsweise harmonischen Hawaii aufgewachsen. Der Kern der Zweifel lautete: Ist so einer wie er, der an der weißen Eliteuniversität Harvard in Jura promoviert und eine «typisch weiße» Politikerkarriere gemacht hat, überhaupt noch «einer von uns»? Macht der nicht längst gemeinsame Sache mit der weißen Oberschicht?

Michelle schlug diese Attacken zurück, mal zornig-empört, mal resolut argumentierend. Auch wenn Barack halb weiß, halb schwarz sei, habe er doch sein ganzes Leben für die Afroamerikaner gekämpft: erst als Sozialarbeiter in den ärmsten und brutalsten Vierteln von Chicagos South Side und später als Bürgerrechtsanwalt. Dann ging sie zum Gegenangriff über: Diese Debatte stifte Unheil unter schwarzen Kindern. Was müssen die denken, wenn Afroamerikaner einem Mann mit offenkundig dunkler Hautfarbe vorwerfen, er sei «nicht schwarz genug» – und das Hauptargument laute, er habe Erfolg unter Weißen? Solle das etwa heißen, es sei «typisch weiß», Karriere zu machen? Und «typisch schwarz», erfolglos zu bleiben? In den Vorwahlen stimmten die Afroamerikaner schließlich in überwältigender Mehrheit für Barack Obama – und in der Hauptwahl im November 2008 sogar zu 96 Prozent. Michelle hatte sich einmal mehr als Trumpf für Barack erwiesen.

Im Frühjahr 2008 aber, in der Hochphase des Kampfes gegen Hillary Clinton um die Präsidentschaftskandidatur bei den Demokraten, brachte sie ihn in Schwierigkeiten. Das

Zitat über ihren Stolz auf Amerika, das ihr im Mund umgedreht wurde, war der Hauptauslöser. Es war aber nicht der einzige Kritikpunkt. Kurz zuvor hatte die «Chicago Tribune» etwas zweifelhafte Verbindungen zwischen den Obamas und Tony Rezko aufgedeckt: einem stadtbekannten Immobilienspekulanten in Chicago, gegen den die Strafjustiz ermittelte. Er hatte den Obamas 2005 geholfen, ihr neues Haus im Universitätsviertel Hyde Park zu erwerben: eine Villa im Wert von 1,65 Millionen Dollar. Eigentlich sollte die Immobilie über zwei Millionen Dollar kosten. Das Grundstück besteht nämlich aus zwei Parzellen. Auf der einen steht die Villa, die andere ist unbebaut. Bis dahin waren sie stets zusammen verkauft worden. Doch nun kauften die Obamas nur die Parzelle mit der Villa für 1,65 Millionen Dollar. Frau Rezko kaufte den anderen Grundstücksteil für 625 000 Dollar, ohne irgendeine Verwendung dafür zu haben. Als die «Tribune» das aufdeckte, bewegten zwei Fragen erst Chicago und dann das übrige Amerika: Hat Obama sich damit in politische Abhängigkeit von Rezko begeben und ist er ihm nun einen Gefallen schuldig? Und: Wie konnte Michelle das zulassen? Sie gilt als treibende Kraft bei finanziellen Angelegenheiten der Familie. Warum, so fragte die «New York Times», hatten ihre Warnreflexe versagt?

Ein dritter Angriffspunkt folgte wenige Wochen später. Die sogenannten «Hasspredigten» ihres langjährigen Pfarrers Jeremiah Wright brachten die Obamas in Verlegenheit. Der steht politisch links und vertritt eine ganz spezielle afroamerikanische Theologie der Befreiung. Nach dem Terrorangriff auf New York vom 11. September 2001 hatte er Amerika eine Mitschuld gegeben, weil es so viele Kriege im Ausland führe und andere Völker unterdrücke. Er behauptete auch, die US-Regierung habe Aids erfunden, um die Schwarzen durch die sexuell übertragene Krankheit zu dezimieren. Seine zornigen Predigten gipfelten in der Verwünschung «God damn America!» – ein scharfer Gegensatz zu der sonst üblichen Segensformel «God bless America!». Und da Michelles Familie aus der Gegend stammt, in der Pfarrer Wrights Kirche steht, versuchten Obamas politische Gegner, auch diese neuen Zweifel am Patriotismus des Kandidaten auf seine Frau zu lenken. Michelle war bereits angeschlagen. Mit den Fakten hatte das wenig zu tun. Wright war Baracks Pfarrer. Er hatte ihn in seinen Jahren als Sozialarbeiter und Community Organizer in Chicagos South Side kennengelernt und ihn damals für seine politische Arbeit bewundert.

All diese Fragen und Zweifel nutzten die Republikaner jedoch, um sich auf Michelle einzuschießen. Wegen ihrer scharfen Kritik an Bushs Amerika nannten sie sie «Mrs. Grievance» – eine Frau, die sich unablässig über die USA beschwere, statt die Vorzüge des Landes hervorzuheben. Zunächst reagierte Barack empört: Man solle gefälligst seine Frau aus dem Spiel lassen. Doch es war schwer zu bestreiten, dass er sie selbst zu einem Teil seines Wahlkampfs gemacht hatte. So entschieden seine Strategen schließlich, man müsse Michelle aus der Schusslinie nehmen. Zum Frühsommer 2008 hin änderte sich ihr Auftreten – und änderte sich ihre Tonlage.

Sie trug nun weich fallende Kleider. Sie redete auch nicht mehr so kämpferisch, sondern mit sanfterer Stimme – und vorzugsweise über Frauen, Kinder und Familie. Sie sollte sich als mitfühlende Zuhörerin und als Ratgeberin in Haushaltsfragen zeigen. Bei der Konferenz der Organisation «National Partnership for Women and Families» im Ballsaal des Washington Hilton im Juni 2008 war sie als Hauptrednerin angekündigt, sprach aber nur sieben Minuten. Fragen aus dem Publikum wurden nicht zugelassen. Vielmehr lauschte Michelle die meiste Zeit anderen Rednerinnen und tröstete, zum Beispiel, die Soldatenfrau Tammy Edwards, deren Mann nach einer schweren Verwundung im Irak als Pflegefall heimgekehrt war.

Auch in der populären Talkshow «The View» war von der unerschrockenen Anklägerin ungerechter Verhältnisse nur noch wenig zu spüren. Michelle erörterte mit einer Ernährungsexpertin gesunde Frühstückskost. Immerhin ließ sie zwischendurch ihren Widerspruchsgeist und Individualismus aufblitzen: Auf gebratenen Speck zum Frühstückstoast, protestierte sie lachend, wolle sie nicht verzichten. Die Wahlkampferfahrung mit den zwei gegensätzlichen Michelles hinterließ widerstreitende Gefühle. Einerseits rief sie Mitgefühl hervor. Aus Rücksicht auf Barack durfte Michelle nicht sie selbst sein. Einmal mehr musste sich eine Frau unterordnen und verstellen, weil es die Interessen ihres Mannes verlangen. Denn natürlich lautete die naheliegende Interpretation, schon wegen der zeitlichen Abfolge: Amerika hatte zunächst eine unverstellte Michelle erlebt. Die Frau, die sich über Ungerechtigkeiten empört und in offenen Worten von ihrem Mann und ihren Kindern erzählt, ist die authentische Michelle. Bei anderen löste ihr offenkundiger Rollenwechsel neues Misstrauen aus: Wer kann mit Gewissheit sagen, dass diese erste Ausgabe der Wahlkämpferin die wahre Michelle zeigte? Vielleicht hatte sie auch da schon eine Rolle gespielt, nur eben eine andere als in der zweiten Phase. Eine solche These ließe sich mit den wohlverstandenen Wahlkampfinteressen des Paares begründen. Der Kampf um das Weiße Haus zerfällt in zwei Phasen. Bevor die beiden großen Lager, Demokraten und Republikaner, im Hauptwahlkampf aufeinandertreffen, müssen sie erst einmal entscheiden, wen sie ins Rennen schicken. In dieser ersten Phase, die sich bis in den Frühsommer eines Wahljahres erstreckt, kämpfen Demokraten gegen Demokraten (und parallel Republikaner gegen Republikaner), wer zur Wahl antreten darf. Das entscheiden die Anhänger beider Parteien in den sogenannten Vorwahlen: den Abstimmungen in allen 50 Bundesstaaten, die sich von Januar bis Juni hinziehen. In dieser Phase musste sich Barack

Obama gegen Hillary Clinton durchsetzen. Das gelang ihm, indem er ein linkeres Profil als seine Rivalin zeigte. Eine kämpferische Kandidatenfrau, die soziale Ungerechtigkeiten anklagte, passte gut zur Strategie in dieser Zeit.

Nachdem Barack die Kandidatur gegen Hillary Clinton durch Ansprache des linken Parteiflügels gewonnen hatte – Anfang März hatte er einen kaum noch einzuholenden Vorsprung erzielt –, musste er für die Hauptwahl gegen den Republikaner John McCain allmählich in die politische Mitte rücken. Präsidentschaftswahlen in den USA werden in der Regel dadurch entschieden, wer das Zentrum der Gesellschaft für sich mobilisieren kann. In dieser zweiten Phase wäre eine Michelle, die als «angry black woman» und als «Mrs. Grievance» wahrgenommen wird, hinderlich gewesen.

Ausgelöst wurde der Rollenwechsel durch die frühen Attacken der Republikaner, die sich an Michelles unglücklicher Äußerung über den Stolz auf Amerika entzündeten. Doch den Wandel von der energischen Anklägerin zu einer moderaten Kandidatenfrau, die die Mitte Amerikas repräsentieren kann, hätte sie so oder so wenig später vollziehen müssen. Jedenfalls sofern sie Rücksicht auf die politischen Interessen ihres Mannes nahm.

Was für ein Mensch ist Michelle nun in Wahrheit und wie sehr verstellt sie sich im Dienste der Wahlkampfinteressen? Diese Fragen bewegten Amerika seit ihrem Rollenwechsel umso mehr.

Kleinere Schwindeleien erlauben sich viele Menschen, um in den Augen ihrer Umgebung etwas besser dazustehen. Das tun auch Politiker – und ebenso ihre Frauen. Michelle ist davon nicht frei. Sie selbst hat wiederholt widersprüchliche Angaben über angeblich prägende Ereignisse gemacht. Ebenso gibt es freilich Beispiele für das umgekehrte Muster: Michelles Verhalten wird plötzlich anders bewertet. Ihre offene Sprache wurde erst gelobt; dann hieß es, sie habe ein zu loses

Mundwerk. In diesem Fall hatte nicht sie sich geändert, sondern das Urteil über sie.

Welche der Rollen, die sie als First Lady ausfüllt, sind Fassade und welche drücken ihr Inneres aus? Ihr überraschender Erfolg bei den weißen Bürgern Amerikas lässt sich direkt auf ihre Kindheit in einem schwarzen Arbeiterviertel Chicagos zurückführen. Doch bevor wir ihr Elternhaus und ihre Schulzeit erkunden, müssen wir uns vergewissern, woher das Wissen über Michelles Leben eigentlich stammt. Die Illustrierten, Zeitungen und Fernsehsendungen sind voll von Geschichten über Michelle. Stimmen sie auch?

Grenzen des Zugangs

«Ich bin bereit, jeden durch mein Leben zu führen», sagte Michelle der «New York Times» vom 18. Juni 2008. «Come on, let's go.»

Wissenslücken über Michelle Obama? Das klingt wie ein schlechter Scherz. Die First Lady ist omnipräsent in den Medien. Sie gibt oft und gern über sich Auskunft, von ihrer Kindheit bis zum Leben im Weißen Haus. Es kursieren vielfältige Bilder von ihr: bei Auftritten in Schulen und Gesundheitszentren, von Begegnungen mit Soldatenfamilien, von Festen und Konzerten im Weißen Haus, nicht zu vergessen Michelle mit ihren Töchtern oder Hund Bo. Das festigt den allgemeinen Eindruck einer transparenten Amtsführung der First Lady.

Und doch fehlen grundlegende Informationen über sie und ihre Familie in den Lebensläufen und Biografien, die im Internet, aber auch auf gedrucktem Papier üppig wuchern, seit Michelle zu einem politischen Star geworden ist. Um nur drei von vielen Beispielen zu nennen: der Geburtstag ihrer

Mutter, das Datum, an dem ihre Eltern heirateten, und der Todestag ihres Vaters. Das Weiße Haus hilft da mit Auskünften nicht weiter: Diese Informationen seien «not available», nicht zugänglich, heißt es. Dabei hatte Michelle im Wahlkampf mehrfach auf anrührende Weise davon gesprochen, welch tiefen Einschnitt der Tod ihres Vaters für sie bedeutete. Diese Erfahrung habe sie sogar zu einem Karrierewechsel bewegt. Doch lange fehlte die Angabe, wann Fraser Robinson überhaupt gestorben sei. Es war der 6. März 1991, wie Nachforschungen in der Chicagoer Stadtverwaltung ergeben. Wer sich bemüht, kann dort eine Kopie des Totenscheins bekommen – und ebenso eine Kopie der Heiratsurkunde von Michelles Eltern. Sie schlossen ihre Ehe am 30. Oktober 1960. Ihre genauen Geburtsdaten stehen nicht in dem Dokument, nur ihr Alter an diesem Tag. So ist es in den USA üblich. Fraser Robinson war 25, seine Braut Marian Shields 23. Ihr Vorname wird in den städtischen Archiven fälschlich «Marion» geschrieben. Wer hartnäckig genug nachfragt, kann in Chicago auch Marians Geburtstag erfahren, aus anderen Quellen: 29. Juli 1937. Auch diese Information war bis zum Sommer 2009 in den USA nicht bekannt. Das Land führt kein Einwohnermelderegister wie Deutschland. Es gehört zu den Besonderheiten des amerikanischen Datenschutzrechts, dass Angaben über die Geburt oder die Religion eines lebenden Bürgers nicht ohne dessen Einverständnis von offiziellen Stellen herausgegeben werden dürfen. Erst in der Sterbeurkunde steht dann das Geburtsdatum.

Dank der Nachforschungen in den Stadtbehörden gelang es auch, der bislang anonymen «Tante», in deren Haus Michelle aufgewachsen war, einen Namen zuzuordnen: Sie hieß Robbie Terry. Bis zu diesem Zeitpunkt war lediglich bekannt, dass die Familie Robinson bei jenen Verwandten seit Mitte der sechziger Jahre im Obergeschoss zur Miete gewohnt hatte und dass die Tante Michelle das Klavierspiel beibrachte.

Der Weg, auf dem man zu solchen Informationen gelangt, unterscheidet sich von den üblichen Recherchewegen in Deutschland. In den USA herrscht ein anderes Verständnis darüber, welche Informationen als öffentlich und welche als privat gelten. Angaben zu den Eigentumsverhältnissen an Immobilien sind allgemein einsehbar. Das geht so weit, dass unbeteiligte Personen sogar herausfinden können, welche Hypothek auf einem Haus oder Grundstück lastet.

Der Ausgangspunkt war also die Adresse des Hauses, in dem Michelle aufgewachsen war: 7436 South Euclid Avenue, Chicago, im Stadtteil South Shore. Das öffnete den Zugang zur Geschichte der Eigentumsverhältnisse in den Grundbüchern. Robbie S. Terry und ihr Mann William V. Terry hatten das Haus am 9. März 1965 von Marvin L. Kayne und Sybil Eileen Kayne gekauft. Die Vornamen der Vorbesitzer deuten darauf hin, dass sie Weiße waren. Das würde zum generellen Strukturwandel des Viertels passen: Es wandelte sich in den 60er Jahren von einer fast ausschließlich weißen Gegend in einen überwiegend von Afroamerikanern bewohnten Stadtteil. Im April 1980 beglaubigte der öffentliche Notar, dass die Witwe Robbie S. Terry alleinige Eigentümerin sei, nachdem ihr Mann William V. Terry verstorben war. Dieser Schritt war offenbar aus juristischen Gründen nötig geworden. Denn schon einige Wochen zuvor, am 17. Januar 1980, hatte Robbie S. Terry die Eigentumsrechte an dem Haus an Michelles Eltern, Fraser und Marian Robinson, übertragen. Die auffallend zittrige Unterschrift der Tante legt nahe, dass sie gesundheitlich angeschlagen war. Das deckt sich mit der Information, dass Michelles Mutter diese Tante im Alter pflegte.

Mit den Namen aus den Grundbüchern kann man nach den Sterbeurkunden suchen. Robbie Terry war demnach am 3. Juli 1908 in Alabama geboren und am 14. Juni 1983 im Alter von 74 Jahren an einem Gehirnschlag gestorben. Ihr Mann William Victor Terry war annähernd 18 Jahre älter. Er war am 24. Mai 1890 in Kentucky zur Welt gekommen und am 28. Februar 1978 im Altenpflegeheim Bayview Nursing Center in Chicago 87-jährig an Herzversagen gestorben. So wurden Michelles Eltern Eigentümer des gesamten Hauses. Die Grundbucharchivare rücken auch ungefragt mit der Information heraus, dass per 29. September 2006 eine Hypothek von 135000 Dollar auf dem Haus lastete, die bis zum Sommer 2009 noch nicht gelöscht war. Als Gläubiger von Michelles Mutter Marian, die seit dem Tod ihres Mannes Fraser 1991 die alleinige Eigentümerin des Hauses ist, steht die Firma Charles Schwab in den Unterlagen, ein landesweit operierender Finanzdienstleister.

Wissenslücken sind das eine. Manche lassen sich durch solche Nachforschungen schließen. Widersprüchliche Informationen sind das andere. Was die Öffentlichkeit heute über Michelle weiß, stammt zum Großteil aus ihrer Selbstdarstellung bei den Auftritten als Kandidatenfrau und nun als First Lady – sowie aus Interviews, die sie selbst, ihre nächsten Familienangehörigen und andere Wegbegleiter aus den Schul-, Studien- und Berufsjahren gegeben haben. Doch zu solchen Gesprächen finden sich Menschen, die sie wirklich näher kennen, in der Regel erst bereit, wenn Michelles Medienberater ihr Einverständnis signalisieren. Die Informationspolitik wurde und wird also gesteuert. Dennoch ist das Bild, das Michelle, ihre Freunde und Verwandten von ihr zeichneten, nicht frei von Widersprüchen. Seit sie im Frühjahr 2007 in den Kampf ums Weiße Haus einstieg, hat sie ihre Kindheit mal als Idyll geschildert, mal dienten die Lebensumstände damals als Anlass für zornige Urteile aus ihrem Mund. Mal will sie eine Frau sein, die den größten Teil ihres Lebens Politik verachtet und zynisch über Politiker gedacht habe, dann wieder ein Mensch mit großem politischem Engagement. Das Verhältnis zu ihrer Mutter beschreibt sie als ein Herz und eine Seele. Doch Marian hat auch Interviews gegeben, die lauter

Meinungsverschiedenheiten über die richtige Kindererziehung erkennen lassen, jedenfalls wenn es um den Umgang der Großmutter Marian und der Mutter Michelle mit den beiden Obama-Töchtern Malia und Sasha geht.

Mit anderen Worten: Der Eindruck, dass es nicht eine Michelle, sondern mehrere verschiedene Michelles parallel gebe, beschränkte sich nicht auf die Frage, ob sie im Wahlkampf ein kämpferisches oder ein weiblich-sanftes Profil zeigen wollte. Auch bei der Schilderung prägender Etappen ihrer Biografie ließ sie Klarheit und Eindeutigkeit vermissen. Sie selbst sagt, es gebe da keine Geheimnisse. Sie sei bereit, ihr Leben vor der Nation auszubreiten. Das mag stimmen. Nur bekommt kaum jemand die Gelegenheit, ihr diese Fragen zu stellen. Sie gibt keine Pressekonferenzen. Sie wird, im Gegensatz zum Präsidenten, auch nicht von einem ständigen Pressekorps begleitet. Soweit ihre Auftritte als öffentlich gelten, bedeutet das nur: Eine Journalistin oder ein Journalist darf stellvertretend für alle Medien dabei sein – und meist auch nur Teile des jeweiligen Programms beobachten. Die übrigen sind, wenn sie berichten wollen, auf diesen «Pool»-Bericht angewiesen, der zudem über das Pressebüro des Weißen Hauses verteilt wird. Das bedeutet nicht automatisch eine Zensur. Aber zu einem gewissen Grad können die First Lady und ihre Mitarbeiter steuern, was über Michelle bekannt wird und was nicht.

Im Kontrast zum öffentlichen Eindruck ist die Informationspolitik restriktiv. Seit dem Einzug ins Weiße Haus ist sie noch strenger geworden. Schon im Wahlkampf ließ Michelle keine «Travelling Press» mit sich reisen, wie es ihr Mann tat. Interessierte Journalisten hatten die Freiheit, aus eigener Initiative zu ihren Auftritten zu kommen. Berichterstattung war ja erwünscht, um über die anwesenden Zuhörer hinaus weitere potenzielle Obama-Wähler zu erreichen. Einigen wenigen – fast ausschließlich amerikanischen – Journalisten wurde die Ehre eines Interviews mit Michelle gewährt. Einzelne durften auch ihre Mutter Marian oder ihren Bruder Craig befragen. Verwandte, Freunde und selbst entferntere Bekannte wurden erfolgreich vergattert, nicht mit Medienvertretern zu reden – es sei denn, Obamas Kampagne wünschte ausdrücklich, dass sie sich zur Verfügung stellen.

Wer heute in der Straße, in der Michelle aufwuchs, Nachbarn befragen möchte, kommt nicht weit. Entweder behaupten die Betreffenden, sie könnten sich an rein gar nichts erinnern – außer daran, dass Michelle ein nettes, höfliches und fleißiges Mädchen war. Oder sie sagen, sie müssten erst nachfragen, ob sie Auskunft geben dürfen. Sie lassen sich dann die Kontaktdaten des Journalisten geben und melden sich nie wieder.

Insofern ist die Quellenlage für die Berichterstattung über Michelle Obama oder gar ein Buch über sie eine ganz andere als im Falle ihres Mannes. Der Präsident kann sich den Fragen der Journalisten nicht entziehen. Er muss Auskunft geben, auch über Persönliches. Zudem hatte Barack 1994/95, kurz vor Beginn seiner Politikerkarriere, selbst ein ganzes Buch geschrieben, mit dem er erklären wollte, woher er kommt und was ihn geprägt hat: «Dreams from My Father». 2006 erschien sein zweites Buch, «The Audacity of Hope», im dem er sein politisches Programm ausbreitet und Einblicke in das Familienleben gibt. Als er im Februar 2007 seine Kandidatur erklärte, gab es kein Zurück hinter diesen öffentlichen Wissensstand.

In Michelles Fall lagen und liegen die Dinge anders. Das allgemeine Wissen über ihre Biografie und ihren familiären Hintergrund war zu Beginn des Wahlkampfs eng begrenzt. Für die Manager der Kampagne ergab sich daraus die Gelegenheit, ihre öffentliche Wahrnehmung durch eine bewusste Informationspolitik zu steuern. Die Anzahl der von oben abgesegneten Interviews mit Michelle, ihrer Mutter Marian, ihrem Bruder Craig und einzelnen Wegbegleitern ist überschaubar geblieben. In der Summe liefern sie freilich eine Menge von Informationen, die sich zu einem Bild zusammenfügen, woher die Familie kommt, was sie geprägt und wie das alles Michelles Charakter beeinflusst hat. Nur bleibt mitunter der Eindruck zurück, bestimmte Details und Anekdoten sollten betont werden, weil das zum jeweiligen Zeitpunkt helfen konnte, das gewünschte Bild von der Kandidatenfrau und, später, der angehenden First Lady zu zeichnen.

Im Verlauf von zwei Jahren Leben im Licht der Öffentlichkeit hat das mitunter zu widersprüchlichen Botschaften geführt, weil die Bedürfnisse der Kampagne mit dem Übergang von einer Wahlkampfphase zur nächsten wechselten. Auf diese Weise haben Michelle und ihre Umgebung dazu beigetragen, dass ein ambivalentes Bild von ihrer Persönlichkeit, ihrer Einstellung zur Familiengeschichte und ihren Charakterzügen entstanden ist.

Kann man unter diesen Umständen überhaupt eine einigermaßen verlässliche Biografie über Michelle schreiben? Durchaus! Man sollte dabei freilich einige Techniken anwenden, die studierten Historikern vertraut sind, zum Beispiel Quellenkritik: Woher stammt eine bestimmte Information und in welchen zeitlichen Zusammenhang ist sie einzuordnen? Ist die Quelle zuverlässig oder verbanden die Urheber womöglich eigene Interessen mit der Veröffentlichung? Gibt es andere Informationen, die der gängigen Darstellung widersprechen? Generationen von Historikern sind so vorgegangen, wenn sie an Biografien wichtiger Persönlichkeiten in der Geschichte arbeiteten, die sie nicht (mehr) befragen konnten.

Es ist ja nicht so, dass Michelle, Barack und ihre Berater mit Lügen gearbeitet hätten. Es geht meist um die Korrektur von Übertreibungen, die der jeweiligen Wahlkampfsituation geschuldet waren. Oder um Gedächtnisirrtümer, die sich beim aufmerksamen Abgleich mit anderen Informationen herausfinden lassen. Dieser kritische Umgang mit Quellen, ob das nun Aussagen von Weggefährten oder schriftliche Unterlagen sind, sollte eigentlich auch zum Arbeitsalltag der Journalisten gehören, die regelmäßig über Michelle geschrieben haben. Doch oft lassen diese Mediengeschichten das kritische Mitdenken vermissen. Sie erwecken den Eindruck, als hätten sich die Autorinnen und Autoren von ihrer Bewunderung forttragen lassen oder von ihrem Stolz, am Hochglanzbild der neuen First Lady mit polieren zu dürfen.

Es scheint zum Beispiel niemandem in den USA bisher aufgefallen zu sein, dass Barack Obama den Namen seines Schwiegervaters konsequent falsch schreibt. Er nennt ihn «Frasier», aber er hieß «Fraser». Er verlegt dessen Tod in ein falsches Jahr und irrt auch mit der Zeitangabe, wann er Michelle kennenlernte. Das alles mag mit erklären, warum das Büro der First Lady so ungern auf Medienanfragen reagiert, die das Ziel haben, Fakten zu klären. Jede Präzisierung bringt das Risiko mit sich, eine Kette von Nachfragen zu provozieren.

Völlig abweisend sind die Medienbeauftragten der First Lady freilich auch nicht. Sobald sie ein gewisses Vertrauen zu einem Journalisten aufgebaut haben, ermöglichen sie ihm den Zugang zu ausgewählten Terminen oder rücken Informationen heraus, die nicht allgemein zugänglich sind. Generell sind sie freilich eher zugeknöpft. Die Erfahrung mit der Michelle-Berichterstattung im Wahlkampf hat sie offenbar misstrauisch gemacht. Zum Medienstab der First Lady gehören zudem nur wenige Menschen, die ein großes Arbeitspensum bewältigen müssen. Da bleibt wenig Zeit zur Erfüllung von Sonderwünschen.

Alles in allem deutet nichts darauf hin, dass Michelle in absehbarer Zeit von sich aus dazu beitragen möchte, die Widersprüche aufzuklären, die sich um einige ihrer Lebensstationen und Selbstauskünfte ranken. Im Gegenteil, sie fügt auch als First Lady neue hinzu. In ihrer Rede vor der Abschlussklasse einer Washingtoner High School am 3. Juni 2009 sagte sie zum Beispiel, sie bedaure es sehr, dass sie und Barack keine Gelegenheit gehabt hätten, eine Fremdsprache zu lernen. Das ist erstaunlich. Michelle hatte viele Jahre Französischunterricht: in der Mittelschule, an ihrer High School und in den Collegejahren in Princeton. Barack wuchs dreieinhalb Jahre lang in Djakarta auf und besuchte den Großteil der Zeit eine staatliche indonesische Schule. Auch er hatte also Gelegenheit, eine Fremdsprache zu lernen.

Angesichts solcher Beobachtungen sollte man nicht darauf setzen, dass Interviews mit Michelle zu einem klareren Bild führen. Größeren Erkenntnisgewinn verspricht die kritische Nutzung der vorhandenen Informationen.

Und damit kann die Führung durch ihr Leben beginnen. Come on, let's go!

Das kleine Mädchen aus Chicago

«Tief im Innern bin ich noch immer
das kleine Mädchen, das in der
South Side von Chicago aufwuchs.»

Michelle Obama in ihrer typischen Wahlkampfrede

Michelles Familiengeschichte ist noch nicht sehr weit er-
forscht. Doch weiß man genug, um sagen zu dürfen: Es ist
eine zutiefst amerikanische Geschichte. In ihr bündeln sich
gleich mehrere wichtige Entwicklungslinien und biografische
Muster, die die Vereinigten Staaten geprägt und zu der politischen wie ökonomischen Supermacht von heute geformt
haben – von der Plantagenwirtschaft und Sklaverei im Süden
über die Industrialisierung des Nordens, die eine millionen-
fache Wanderungsbewegung auslöste und die Entstehung
einer schwarzen Arbeiterklasse mit sich brachte, bis zu den
Emanzipations- und Bürgerrechtsbewegungen, in deren Konsequenz sich unter vielen Rückschlägen und Leiden allmählich eine schwarze Mittelklasse, Bürgergesellschaft und afroamerikanische Oberschicht heraushob.

Selbst das Dunkel, das ihre familiären Wurzeln umgibt,
ist typisch für die USA. Ihre Familienhistorie ist keine Geschichte von Palästen. Eher ist man versucht, an Onkel Toms
Hütte zu denken. Es ist nicht die Geschichte Amerikas, wie
sie in den Schulen gelehrt wird, mit Washington, Jefferson,
Franklin und den anderen Gründungsvätern. Ihre Vorfahren
gehörten nicht zu den Herrschergeschlechtern oder den
Familien, die die wirtschaftliche Macht ausübten. Sie waren

mehr Objekte als Subjekte des Geschehens. Aber das galt für die große Masse der Einwohner Nordamerikas im 18. und 19. Jahrhundert und selbst noch über weite Strecken des 20. Jahrhunderts. Die schriftlichen Quellen waren damals begrenzt, nur ein kleiner Teil davon wurde aufbewahrt. Und ein Großteil der Erinnerung durch mündliche Überlieferung starb meist mit dem natürlichen Tod der abtretenden Generationen oder einige Jahre danach.

Es war einmal in South Carolina

Im Herbst 2008 hat das Wahlkampfteam Obama einiges getan, um die Nachforschung, in diesem Fall der «Washington Post», nach den Vorfahren Michelles in der männlichen Linie zu unterstützen – und tatsächlich ließ sich die Spur über vier, fünf Generationen bis in die Zeit vor dem amerikanischen Bürgerkrieg zurückverfolgen. Über vergleichbare Anstrengungen, auch Licht in das Dunkel der weiblichen Ahnen zu bringen, ist nichts bekannt. Es ist zum Beispiel schwer erklärbar, dass selbst Monate nach dem Einzug Michelles und ihrer Mutter ins Weiße Haus in den biografischen Artikeln über die «erste Großmutter der Nation» noch immer grundlegende Informationen fehlen. Offizielle Stellen lehnen es ab, Angaben zu ihrem Geburtstag oder zur Zahl ihrer Geschwister zu machen. Ihr Geburtsdatum ließ sich wie bereits erwähnt in Chicago herausfinden: 29. Juli 1937. Auf wiederholte Nachfragen ist eine Quelle im Weißen Haus bereit, zu bestätigen, dass Marian in einer kinderreichen Familie von zehn Geschwistern aufwuchs. Es folgt sogleich die Bitte, sich nicht offiziell darauf zu berufen. Der «New York Times» verriet Michelle im Februar 2008, ihr Großvater mütterlicherseits sei ein Schreiner in Chicago gewesen, der seinen Job verloren habe, weil Schwarze damals keiner Gewerkschaft beitreten durften. Wenn die Präsidialverwaltung wollte, könnte Mutter Marian die Lücken im öffentlichen Wissen über die Familiengeschichte der weiblichen Vorfahren der «First Lady» rasch schließen.

Michelles väterliche Vorfahren hatten als Sklaven in South Carolina geschuftet, in der Umgebung des Städtchens Georgetown. Heute erreicht man es mit dem Auto nach etwa einer Stunde Fahrt von Charleston nach Nordosten. Wenige Kilometer südlich von Georgetown, auf einer Landzunge zwischen dem Atlantik und der Mündung des Sampit River, liegt die Plantage Friendfield. Dort lebte ihr Ururgroßvater in den Jahren vor dem Bürgerkrieg (1860–1865). Jim Robinson muss um 1850 geboren sein und arbeitete auch nach dem Ende des Bürgerkriegs, der offiziell die Abschaffung der Sklaverei im Süden erzwang, weiter auf der Plantage. Die Besitzerfamilie Wither hatte vor dem Krieg 300 schwarze Sklaven, die in dem schwülen Klima Reis anbauten und die Ernte einbrachten, bedroht von Moskitostichen und Schlangenbissen. Noch heute kann man sich ein Bild von den ärmlichen Sklavenquartieren machen: weiß gekalkte Blockhütten, die im Sommer drückend heiß und im Winter mangels Heizung unbehaglich kalt waren. Diese Details erfuhr Michelle erst im Januar 2008, als sie kurz vor der Vorwahl in South Carolina in die Gegend kam und Verwandte besuchte, die dort geblieben waren. Zuhause in Chicago hatte man selten über diesen Teil der Familiengeschichte gesprochen.

In der Volkszählung 1880 taucht Jim Robinson als Analphabet und Erntehelfer in der Umgebung von Georgetown auf, wohnhaft nahe der Plantage, verheiratet, mit einem dreijährigen Sohn namens Gabriel. Dessen Tochter Carrie Nelson lebte 2008 noch, inzwischen über 80 Jahre alt, als Michelle zu Besuch kam. Die wenigen Geschichten, die über Michelles

Vorfahren im Umlauf sind, gehen zu einem Gutteil auf Carrie Nelsons Erinnerungen zurück

Im Jahr 1884 wurde Jims zweiter Sohn geboren, Michelles Urgroßvater Fraser Robinson Senior – der erste in einer Reihe von drei Robinsons mit demselben Vornamen. Die ersten beiden unterschied man zunächst mit den Zusätzen »Senior« und »Junior«. Als der dritte, Michelles Vater, hinzukam, behalf man sich mit den in den USA typischen römischen Ordnungszahlen hinter dem Namen: Fraser Robinson I., II. und III. Fraser I. musste sich einarmig durchs Leben schlagen. Als er im Alter von zehn Jahren Feuerholz im Wald sammelte, verletzte er sich am linken Arm; die Wunde entzündete sich, der Arm musste amputiert werden. Der weiße Aufseher einer anderen Plantage in der Nachbarschaft, Francis Nesmith, nahm den einarmigen Jungen in seinen Haushalt auf, so hat es Carrie Nelson Journalisten erzählt. In der Volkszählung 1900 taucht Fraser dort als «House Boy» auf. Er selbst konnte damals weder lesen noch schreiben. Aber er beobachtete, wie viel Wert die Nesmiths auf die Erziehung und Ausbildung ihrer Kinder legten. In der Familiensaga der Robinsons war es der Ausgangspunkt für den Bildungshunger und Aufstiegsehrgeiz mehrerer Generationen, angefangen mit diesem einarmigen Fraser Senior. Er heiratete Rosella Cohen, brachte sich selbst das Lesen bei, arbeitete als Schuhmacher, Zeitungsverkäufer und in einem Sägewerk. Angeblich nahm er jeden Abend unverkaufte Zeitungen mit nach Hause, um seine Kinder lesen zu lehren. Inzwischen gab es in Georgetown die Howard-Schule, die einzige Schule für Schwarze im Bezirk; dort habe man sich diese Geschichte erzählt, berichtete Dorothy Taylor, eine 89-jährige Bürgerin von Georgetown, im Herbst 2008 der «Washington Post». «Alles Heil lag in Bildung und Religion», beschreibt sie die Geisteshaltung jener Zeit. «Du musstest auf Gott vertrauen und so viel lernen, wie du konntest. Wir hatten doch nichts.»

Auch Frasers Bruder Gabriel kam voran. Mit einem Arbeitstrupp sammelte er in den Nadelwäldern Harz und konnte sich von dem Ersparten schließlich eine kleine Farm westlich der Plantage Friendfield kaufen. 2008 war diese Farm noch im Familienbesitz.

Der Zug nach Norden

Fraser Robinson II. (oder Junior) kam am 24. August 1912 auf die Welt. Es heißt, Michelles Großvater sei ein begabter Schüler und ein guter Redner gewesen. Laut Volkszählung 1930 lebte er im Alter von 18 Jahren bei seinen Eltern und arbeitete in einem Sägewerk. Es waren ökonomisch harte Zeiten, 1929 war die Börse zusammengebrochen, es folgte die große Depression mit hohen Arbeitslosenzahlen. Sie sollte ein Jahrzehnt andauern. Ein Bekannter der Robinsons war wegen der Not und dem Mangel an bezahlter Arbeit von South Carolina nach Chicago gegangen. Fraser II. folgte ihm. In den 20er Jahren hatte die Stadt am Michigansee einen enormen Aufstieg als Industriestandort erlebt, der sich trotz Depression auch in den 30er Jahren fortsetzte. Der offenbar unstillbare Hunger der Stahlwerke, Eisenbahnen, Schlachthöfe, der Konservenindustrie und übrigen Fabriken nach Arbeitskräften wurde zum Auslöser der «Great Migration»: Insgesamt migrierten in dem halben Jahrhundert zwischen 1915 und 1970 etwa sieben Millionen Afroamerikaner aus den Südstaaten in die Industriegebiete des Nordens und Mittleren Westens, davon rund eine halbe Million nach Chicago. Der Zustrom veränderte die Großstadt kulturell, denn die Neuankömmlinge brachten ihre Musik mit, den Jazz, ihre speziellen Gottesdienste mit Tanz und spirituellen Gesängen – und ihre südliche Küche. Der Schwarzenanteil in der Stadt stieg im 20. Jahrhundert von zwei auf 37 Prozent.

Großvater Fraser hatte das Glück, dass er eine sichere Anstellung bei der Post in Chicago bekam – aber zugleich das Pech, dass er diese Arbeit als langweilig empfand. In Michelles frühen Kindheitsjahren wohnten die Großeltern in einer Anlage von Sozialwohnungen: drei- bis achtstöckige Betonbauten mit Backsteinfassade namens «Parkway Gardens», die drei Straßenblocks mit den 6400er bis 6600er Hausnummern zwischen King Drive und South Calumet Avenue einnehmen. Für Fraser Junior, der aus sehr bescheidenen Umständen in South Carolina kam, mag es äußerlich ein Aufstieg gewesen sein. Aber es ist sehr verständlich, dass Michelles Eltern dort wegwollten – und sei es nur in die beengten Mietverhältnisse im Obergeschoss des zweistöckigen Eigenheims, das die Tante Robbie Terry und ihr Mann 1965 gekauft hatten. Auch dort würden die Räumlichkeiten zunächst bescheiden sein. Aber es war bereits eine Unterkunft aus eigener finanzieller Kraft, keine Sozialwohnung mehr von kommunalbehördlichen Gnaden. Michelle schließlich nannte als erwachsene Frau erst eine 200 Quadratmeter große Eigentumswohnung und, von 2005 an, eine richtige Villa mit sechs Schlafzimmern im vornehmen Universitätsviertel ihr Eigen.

«Unzufrieden» mit dem Leben in Chicago habe der Großvater gewirkt, hat Michelle später erzählt. Die Familie war nicht überrascht, dass es Fraser II. und seine Frau LaVaughn bald nach der Pensionierung nach Georgetown zurückzog, wo er ein halbes Jahrhundert zuvor aufgewachsen war. Und so kam Michelle ab ihrem zehnten Lebensjahr regelmäßig zu Besuch nach South Carolina. Sie erinnert sich an das Zirpen der Grillen und andere typische Laute des Südens, die sie nachts wach hielten, und an den Geschmack des Wildbratens, von dem ihr übel wurde. Sie muss als Jugendliche mehrfach an der Einfahrt zur Plantage Friendfield vorbeigekommen sein, wo ihre Vorfahren Sklavenarbeit verrichtet hatten. Doch von dieser Verbindung erfuhr sie damals nichts. «Darüber wurde in der Familie nie gesprochen», sagte sie Journalisten im Jahr 2008.

Doch im Wahlkampf, der sie an der Seite ihres Mannes ins Weiße Haus bringen sollte, wurde dieser Teil der Familiengeschichte zur politischen Botschaft gemodelt – einer hoffnungsvollen Botschaft von Freiheit, Emanzipation und Aufstieg. «Vermutlich gibt es Tausende einarmiger Frasers überall im Land, die sich aus der Sklaverei herausgearbeitet und ihre Emanzipation errungen haben, die ihre Klugheit und harte Arbeit, diese typisch amerikanischen Tugenden, nutzten und durch ihren Aufstieg die Fundamente legten, auf denen ich heute stehe», sagte sie damals in South Carolina.

Fraser II. ging nach Abschluss seines Erwerbslebens in Chicago zurück in den Süden. Erst für seinen Sohn Fraser III. wurde Chicago zum selbstverständlichen Bezugspunkt. Dort war er am 1. August 1935 geboren worden. Mit ihm vollendete sich der Wandel der Robinsons von einer Sklaven- und Landarbeiterfamilie in der Plantagenwirtschaft des Südens zu einem Haushalt der nordamerikanischen Industrie- und Dienstleistungsgesellschaft. Seine Kinder Craig und Michelle sollten in noch viel höhere Sphären vorstoßen.

Doch zunächst zur anderen Seite der Familiengeschichte, den Vorfahren mütterlicher- und großmütterlicherseits. Über sie weiß man wenig. Von LaVaughn Johnson, der Frau, die Fraser II. am 17. Oktober 1934 in Chicago heiratete, hat Michelle ihren zweiten Vornamen. Ihre Familie war eine Generation früher als die Robinsons nach Norden gezogen, sie kam bereits in Chicago zur Welt, am 6. Februar 1915. Ihre Vorfahren waren von noch weiter südlich als South Carolina gekommen, aus Mississippi. LaVaughns Großvater soll ein christlicher Prediger gewesen sein. Die Familiengeschichte von Michelles Mutter liegt fast völlig im Dunkeln. Sie stammt aus einer kinderreichen Familie und wuchs mit neun Geschwistern in Chicago auf. In einem Fernlehrgang absolvierte sie die Ausbildung zur Sekretärin. Am 30. Oktober 1960, also im Alter von 23 Jahren, heiratete sie Fraser Robinson III. Anderthalb Jahre danach, am 21. April 1962, kam ihr erstes Kind Craig auf die Welt. Und weitere 21 Monate später, am 17. Januar 1964, die Tochter, Michelle LaVaughn Robinson. Die junge Familie lebte damals noch im selben Block mit Sozialwohnungen wie die Großeltern, hat Michelle im Mai 2009 dem «Time»-Magazin erklärt. «Ich bin dort geboren. Ich sah es damals als ein wunderbares, kleines Apartmenthaus. So habe ich es in Erinnerung. Wenn ich heutzutage daran vorbeifahre, denke ich: Mein Gott!» Damals war es eine arme Gegend, jetzt ist es eine heruntergekommene Wohnanlage, die an ein aufgegebenes Gewerbegelände grenzt.

Als Michelle geboren wurde, war das Zusammenleben von Menschen unterschiedlicher Hautfarbe in Chicago gewiss nicht harmonisch. Das galt freilich ebenso für Gruppen, die zwar gleicher Hautfarbe, aber verschiedener geografischer und kultureller Herkunft waren. Es herrschte ein harter Wettbewerb zwischen Schwarz und Weiß, doch kaum minder zwischen den Einwanderern aus Irland, Polen, der Tschechoslowakei und Italien – um Jobs, um öffentliche Mittel, auch um Wohnraum und die Dominanz in den jeweiligen Gegenden. Dasselbe gilt bis heute für die Konkurrenz zwischen den Schwarzen der South Side und den Schwarzen der West Side von Chicago.

Kurz vor Michelles Geburt war mit dem Bau des Dan Ryan Freeway als Hauptverbindungsachse aus dem Zentrum nach Süden begonnen worden. Die Trasse wurde so gelegt, dass sie die weitere Ausdehnung schwarzer Wohngebiete behinderte und die weißen Viertel von ihnen abriegelte. 1966, zwei Jahre nach ihrer Geburt, kam Martin Luther King nach Chicago, um die Bürgerrechtsbewegung nach zahlreichen

Erfolgen im Süden auch im Norden als öffentliche Massen-
bewegung zu organisieren. Er und seine Mitstreiter deckten
Diskriminierungsmechanismen bei der Wohnungssuche auf,
deren Ziel die Beibehaltung getrennter Wohngebiete für
Weiße und Schwarze war. Ihre Demonstrationszüge wurden
immer wieder mit Gewalt gestoppt, einmal wurde King von
einem Backstein getroffen. Auch in Chicago erhielt er regelmäßig Morddrohungen. Nach einigen Monaten kehrte er
in den Süden zurück, in Chicago setzte Jesse Jackson seine
Arbeit fort.

Andererseits war die verdeckte Beeinflussung der Aufteilung von Stadtvierteln nach der Hautfarbe weniger bedrü-
ckend als die offene Diskriminierung in den Südstaaten. Dort
herrschte in Michelles Geburtsjahr noch generelle Rassentrennung – nicht nur ein ökonomisch-soziales System, das die
Praxis getrennter Wohngebiete beförderte wie in Chicago. Im
Süden galt eine umfassende rechtliche Trennung der Hautfar-
ben: Von den Schulen über die Autobusse bis zu den öffentlichen Trinkbrunnen durften Schwarze nicht benutzen, was
die Behörden den Weißen vorbehalten und durch entspre-
chende Schilder kenntlich gemacht hatten. Die Verbindung,
aus der Michelles späterer Mann Barack Obama hervorging –
die Ehe zwischen einem Schwarzen und einer Weißen –, war
auf Hawaii möglich (und theoretisch auch in Chicago denk-
bar). In den Südstaaten aber hätten Mauern des Rechts sie
verhindert. Diese Mauern sollten bald fallen. Sechs Monate
nach Michelles Geburt unterzeichnete Präsident Lyndon B.
Johnson den Civil Rights Act, der überall in den USA die
Gleichberechtigung vorschrieb und die Rassentrennung beendete. Zunächst freilich nur auf dem Papier. Es sollte noch
Jahre dauern, bis die Wirklichkeit im Alltag mit der juristischen Veränderung Schritt hielt.

Auf indirekte Weise würde Michelle von dieser Ungleich-
zeitigkeit zwischen Theorie und Praxis profitieren. Um die

Angleichung im Alltag zu beschleunigen, beschlossen viele Institutionen in den Folgejahren «affirmative action»: spezielle Förderprogramme für Schwarze, voran im Bildungswesen, um deren bisherige Benachteiligung auszubalancieren. Diese Mechanismen halfen Michelle, eine der besten Schulen Chicagos zu besuchen, und trugen dazu bei, ihr die Türen zu den Eliteuniversitäten Princeton und Harvard zu öffnen. So gesehen kam sie «just in time» zur Welt, zu Beginn einer neuen Ära in der Gesellschaftsgeschichte der USA.

Lob und Leid der «Chicago Machine»

Ihr Vater Fraser Robinson III. musste sich noch einem Abhängigkeitssystem unterwerfen, um im Beruf voranzukommen und seinen Platz in der politischen wie sozialen Hackordnung zu sichern. Erst die nächste Generation, Michelle und ihr um 21 Monate älterer Bruder Craig, würde dank ihrer Bildung diesen Rahmen sprengen und sich solchen Zwängen entziehen können. Fraser III. war zwar der Agrar- und Sklavenhaltergesellschaft des Südens um zwei Generationen entwachsen. Aber er musste sich als eher kleines Rädchen in die «Chicago Machine» einfügen: ein System politischer Patronage, das über die Strukturen der Demokratischen Partei politischen Rückhalt bis hinein in einzelne Straßenblocks organisierte und diesen Rückhalt mit Vorteilen im kommunalen Angestelltenwesen belohnte – sofern die erwarteten Stimmen am Wahltag geliefert wurden. Fraser III. war ein ehrenamtlicher «Precinct Captain» der Demokratischen Partei in seinem Wohngebiet. Seine Aufgabe war es, die Bürger an die Urne zu bringen und im Idealfall sicherzustellen, dass sie so abstimmten, wie die Parteiführung es wünschte.

Chicago ist in 50 Parteibezirke gegliedert, sogenannte «wards». Jede «ward» wählt einen «Alderman» in den Stadtrat, hat aber auch je einen demokratischen und einen republikanischen «Committeeman»; sie führen die jeweilige Partei in dem Bezirk. Dabei hilft der «Precinct Captain». Michelles Vater war also eine Art Führungsfigur in seinem kleinen Bezirk – keine Autorität auf Stadtebene, aber eine Persönlichkeit, auf die viele in der Nachbarschaft hörten. Er machte regelmäßig die Runde, verteilte politische Broschüren und diskutierte die aktuellen Ereignisse. Er hörte sich Klagen an, wenn es Probleme gab, zum Beispiel mit der Müllabfuhr oder dem Schneeräumen im Winter. Und wenn es ihm gelang, über die innerparteilichen Kommunikationswege Abhilfe zu schaffen, dann wuchsen sein Ansehen und Einfluss. Die Parteioberen honorierten solche Dienste zudem mit Jobs und Beförderungen.

Wenige Tage vor Michelles Geburt hatte Fraser III. im Januar 1964 eine neue Stelle in einem Klärwerk der städtischen Wasserbetriebe angetreten. Er war 28 Jahre alt, von der Krankheit, die ihn wenige Jahre später befallen sollte, multiple Sklerose, wusste er noch nichts. Seine Arbeit bestand darin, Ordnung und Sauberkeit im Betrieb zu wahren, Gänge, Wasserbehälter und Ventile zu reinigen, die Müllbehälter zu leeren und beim Entladen von Lkws zu helfen. Er verdiente rund 480 Dollar im Monat. Eine städtische Anstellung galt als sicher und brachte auch eine Krankenversicherung für die junge Familie mit sich. Die Robinsons konnten sich keine großen Sprünge erlauben, aber es reichte zum Leben.

Die freiwilligen Dienste als «Precinct Captain» für die Demokraten schadeten dem beruflichen Fortkommen gewiss nicht – um das Mindeste zu sagen. Vier Jahre später, 1968, wurde Fraser III. Vorarbeiter, der Monatslohn stieg um 200 Dollar. Wenige Monate darauf folgte die Beförderung zum «Befeuerungsbeauftragten», der für die Wassererhitzer im Klärwerk zuständig war, und 1969 zum «Operating Engineer», der Pumpen und Dampfturbinen beaufsichtigte. Binnen fünf Jahren hatte sich sein Lohn ungefähr verdoppelt, auf etwa 860 Dollar pro Monat oder rund 10 000 Dollar im Jahr. Gegen Ende seiner Karriere, gut 20 Jahre später, würde er mehr als 40 000 Dollar pro Jahr verdienen. Die Robinsons haben also von den Patronagemechanismen der «Chicago Machine» profitiert. Dennoch hört man von Michelle oder ihrem Bruder Craig kein gutes Wort über diesen Aspekt ihrer Kindheit. Der Vater ist ihr Held, das schon. Sie loben ihn als Vorbild wegen seines Arbeitsethos und seiner Disziplin. Er war noch in seinen 30ern, als die körperlichen Einschränkungen durch die multiple Sklerose einsetzten. Dennoch sei er jeden Tag zur Arbeit gegangen, selbst dann noch, als er sich auf Stöcke stützen musste. «Auf dem Weg zur Arbeit gestorben» sei er, so hat Michelle seinen Tod wiederholt in den Interviews beschrieben, die sie während des Wahlkampfs 2007/08 gab. Auch das war geschwindelt. Tatsächlich starb Fraser im Krankenhaus an den Komplikationen nach einer Nierenoperation.

Als wegweisend beschreiben die beiden Kinder den Vater auch, weil er sie gedrängt habe, die bestmögliche Bildung anzustreben, ohne auf die Kosten zu achten. Als Craig die High School beendet hatte und sich um Studienplätze bewarb, nahm ihn sowohl die University of Washington als auch Princeton an. Der Unterschied: In Washington hätte er ein volles Stipendium bekommen, da er ein herausragender Basketballspieler war; in Princeton nur ein Teilstipendium, sodass pro Jahr noch 3500 Dollar Studiengebühren zu zahlen waren – eine beträchtliche Summe im Verhältnis zum Arbeitslohn des Vaters. Doch der, erzählt Craig, habe ihm damals gesagt: «Ich wäre sehr enttäuscht, wenn du deine Studienwahl davon abhängig machst, was ich zahlen muss.» Princeton galt als die bessere Universität, also wollte Fraser seinen Sohn – und später auch seine Tochter – dort sehen.

Angesichts der vielen Erinnerungen, die Michelle und Craig an ihre Kindheit haben, und all der Zitate ihres Vaters, die sie seit 2007 verbreiteten, fällt auf, dass beide kaum über seine Rolle als «Precinct Captain» reden. «Unsere Familie hatte eine sehr zynische Einstellung zur Politik und zu Politikern», sagten Craig und Michelle auf Fragen dazu bei verschiedenen Gelegenheiten im Wahlkampf. Erst die Begegnung mit Barack Obama und die Begeisterung, mit der er die politische Arbeit anging, hätten ihre Einstellung zur Politik verändert.

Die politische Arbeit spielte offenkundig eine wichtige Rolle bei Fraser III. Bei der Ausschmückung der offiziellen Biografie der angehenden First Lady wurde dieser Teil der Familienhistorie jedoch nicht als förderlich empfunden. Das wird man bei einem Blick in Chicagos Stadtgeschichte verstehen. Der große Boss dort zu jener Zeit war Richard Joseph Daley, Bürgermeister von 1955 bis 1976. Er war der Sohn katholischer Einwanderer aus Irland und stützte seine Macht neben der weißen Arbeiterschaft auf die Bezirke von sechs afroamerikanischen «Aldermen», den sogenannten «Silent Six». Im Rückblick wird ihnen vorgeworfen, dass sie die Interessen der schwarzen Bürger weniger vertreten als vielmehr verraten hätten und Daley vor allem unterstützten, um ihren eigenen Einfluss im Patronagesystem der «Chicago Machine» zu wahren. Sie durften ihren Anteil an städtischen Wohltaten an ihre Unterstützer verteilen, solange sie sich Daley nicht offen widersetzten.

Als Barack 1985 nach Chicago kam, lernte er rasch, wie selbstkritisch schwarze Bürger rückblickend mit ihrer Beteiligung an dem politischen Machterhaltungssystem unter Daley umgingen. Sie hätten sich zu bereitwillig mit ihrer Rolle als Bürger zweiter Klasse abgefunden, hört Obama, als er sich in «Smitty's Barbershop» die Haare schneiden lässt. Das hat er in seinem ersten Buch «Dreams from My Father» berichtet.

Als «Plantagenpolitik» beschimpfte einer der Anwesenden die Rollenaufteilung zwischen Weißen und Schwarzen unter Daley. Und Friseur Smitty bestätigte: «Ja, das war es auch, wie auf einer Plantage. Die Schwarzen hatten die schlechteste Arbeit. Die schlechtesten Wohnungen. Die Polizei ging zügellos brutal vor. Aber wenn die sogenannten schwarzen Committeemen zur Wahlzeit auftauchten, würden wir uns alle in die Schlange einreihen und verlässlich die Demokraten wählen. Wir würden unsere Seelen für den weihnachtlichen Truthahn verkaufen. Die Weißen würden uns ins Gesicht spucken, und wir würden sie noch mit unseren Stimmen belohnen.»

Michelle und ihr Mann haben also ihre Gründe, warum sie den Namen Fraser Robinson III. – und damit indirekt ihre eigenen Biografien – nicht aktiv mit der «Chicago Machine» und den Regierungsjahren Daleys verknüpfen wollten. Den Menschen Fraser Robinson III. hingegen und die Atmosphäre des Aufwachsens in seinem Haus hat Michelle in nahezu jeder Wahlkampfrede beschworen – auch als First Lady spricht sie darüber. Alles, was sie denke und was sie tue, sei geprägt von der Kindheit «in der kleinen Wohnung, für die mein Vater so hart arbeiten musste». Gewöhnlich leitet die Erwähnung des Vaters zu einem leidenschaftlichen Bekenntnis über: «Tief im Innern bin ich noch immer das kleine Mädchen, das in der South Side von Chicago aufwuchs.»

Schwarzes Arbeiteridyll

Ihre Kindheit beschreibt sie meist mit warmen Worten und einer guten Portion Nostalgie. Ihre Mutter und auch andere Mütter waren tagsüber zuhause, sie und die übrigen Kinder im Viertel hatten Ansprache und Spielkameraden. Fahrräder und anderes Spielzeug konnte man auf der Straße lassen ohne Angst, dass sie gestohlen würden. Von Drogenhändlern oder Schießereien, mit denen ihr Mann Barack in Chicagos South Side konfrontiert wurde, als er 20 Jahre später und einige Meilen weiter südlich als Community Organizer arbeitete, berichtet sie nichts. Und ebenso wenig von alleinerziehenden, oft viel zu jungen schwarzen Müttern und afroamerikanischen Kindern, die ohne Vater aufwuchsen, weil die sich aus dem Staub gemacht hatten. Michelles Kindheitserinnerungen sind vielmehr geprägt von der heilen Familie – sowohl daheim als auch in der Nachbarschaft.

Ende 2007, einige Wochen vor Beginn der Vorwahlen, beschrieb sie der «Vanity Fair», wie unterschiedlich sie und Barack aufgewachsen waren: «Ich brachte sehr traditionelle Vorstellungen von einer Familie in unsere Ehe mit. So kannte ich es von zuhause. Die Mutter ist daheim, der Vater geht arbeiten, beim Abendessen sitzen alle zusammen um den Tisch. Ich hatte eine sehr stabile, konventionelle Kindheit, und das gab mir ein Gefühl von Sicherheit. Er wuchs ohne Vater auf. Seine Mutter reiste um die Erde.»

Michelles Kindheit entspricht weit mehr als Baracks Aufwachsen den Idealvorstellungen des weißen Bürgertums. Die Werte, die ihr Zuhause prägen, sind die Werte der Mittel- und der gehobenen Arbeiterklasse in den USA. Das Leben dreht sich um die Familie. Die Abende und das Wochenende verbringt man gemeinsam, oft wird gespielt. Monopoly oder auch ein Spiel namens «Hands down», bei dem es um überzeugendes Bluffen geht. Einmal im Jahr fuhr die Familie für eine Woche in Ferien: in Dukes Happy Holiday Resort an einem See in White Cloud, Michigan. Wenn Michelle oder ihr Bruder Craig solche Dinge rückblickend erzählen, klingt es wie die Beschwörung einer besseren Welt, die nur leider untergegangen ist.

Lediglich ein Detail passt nicht so ganz zu den Idealvorstellungen der typisch amerikanischen Wähler. Die Robinsons seien nicht regelmäßig in die Kirche gegangen, sondern «Freidenker» gewesen, berichtete der «New Yorker» im Februar 2008. Insgesamt ist in den Interviews, die Michelle gibt, auffallend wenig vom Glauben die Rede.

Aus der Sozialwohnung mit der Adresse South Parkway – die Straße wurde erst später zu Ehren des ermordeten Bürgerrechtlers Martin Luther King in «King Drive» umbenannt – zogen die Robinsons um 1965 aus. Der Arbeitslohn des Vaters verdoppelte sich, wie gesagt, in den ersten fünf Jahren nach Michelles Geburt. So konnte die Familie in ein etwas besseres Viertel übersiedeln: South Shore. Einige Jahre zuvor war das noch eine nahezu rein weiße Wohngegend gewesen. Das zweistöckige Backsteinhäuschen in der Euclid Avenue im Straßenblock mit den 7400er Hausnummern hatten Verwandte gekauft: William und Robbie Terry. Die Robinsons zogen in das Obergeschoss ein. Es ging beengt zu. Die Wohnung hatte neben einem größeren «Living Room» oder Wohnzimmer nur ein Schlafzimmer und ein Badezimmer plus eine winzige Küche. Als die beiden Kinder größer waren, wurden ein neuer Zuschnitt der vorhandenen Räume und ein Anbau nötig.

In den dynamischen Entwicklungsphasen amerikanischer Großstädte wie Chicago ist es nichts Außergewöhnliches, wenn binnen weniger Jahre nahezu die komplette Bevölkerung eines Viertels durch den Wegzug der bisherigen Bewohner und den Zuzug neuer Gruppen ausgetauscht wird. Diese Umbrüche vollziehen sich mit Schnelligkeit, Vehemenz, einer gehörigen Portion gesellschaftlichem Druck und oft gegen den Willen eines beträchtlichen Teils der Alteingesessenen. Doch ist dieser Eigentümerwechsel erst einmal im Gang, stellt sich dem kaum einer mehr in den Weg. Wenn die Nachbarn, mit denen man in der Regel die soziale Stellung und die

Hautfarbe teilt, nach und nach wegziehen, geben schließlich auch die Zögerlichen auf, zumal immer mehr Menschen anderer Herkunft in die umliegenden Häuser einziehen. Im Fall des Umzugs der Robinsons nach South Shore war der Wandel nicht ganz so radikal. Der Eigentümerwechsel von Weiß zu Schwarz erstreckte sich über anderthalb Jahrzehnte. Laut Chicagoer Lokalzeitungen waren schwarze Familien in South Shore 1965 noch die Ausnahme. Im Jahr 1970 reichte ihr Anteil, um einen Afroamerikaner an die Spitze der Bezirksverwaltung zu wählen, und 1980 war die Gegend zu über 90 Prozent schwarz. Diese 15 Jahre fielen ziemlich genau mit Michelles Kindheit und Jugend zusammen. Sie muss den Bewohnerwechsel wahrgenommen haben. Vermutlich hat diese Erfahrung die Basis für ihre Skepsis gelegt, ob Weiß und Schwarz zusammenleben wollen.

Craig und Michelle beschreiben ihre Zeit in South Shore als kleines Paradies. Das tut auch ihre Mutter Marian. Ginge es nach ihren Wünschen, wäre sie bis zu ihrem Lebensende dort wohnen geblieben. Als die Obamas im Januar 2009 ins Weiße Haus einzogen, blickte Marian auf mehr als 40 Jahre in dem Häuschen zurück. Nur schweren Herzens kam sie mit nach Washington. Ihr Chicagoer Zuhause gab sie auch nicht auf. Dennoch war der Umzug ein Opfer. Sie ließ ihre individuelle Freiheit in einer stabilen Umgebung mit einem verlässlichen sozialen Netz aus Nachbarn und Verwandten zurück. Das Wohnen im Weißen Haus gleicht einem Leben im goldenen Käfig. Jeder Ausgang muss vorbereitet und beim Secret Service angemeldet werden, schon aus Sicherheitsgründen. Aber was tun Großmütter nicht alles ihren Enkelinnen zuliebe! Und wenn Marian Robinson es dort vier Jahre lang aushält, wäre sie die erste Schwiegermutter eines Präsidenten seit mehr als 50 Jahren, die eine ganze Amtszeit im Weißen Haus lebt.

Bildungshunger

«Die Welt tut so, als wären Barack und
Michelle Obama untypische Schwarze,
als wären wir einzigartig. Doch es gibt
Abertausende Michelles und Baracks in Amerika.
Ihr seid ihnen nur nie persönlich begegnet.»

Michelle in «The Atlantic», Januar 2009

Selbstvertrauen, Bildungshunger und Aufstiegsehrgeiz – das
sind die Stichworte, wenn Michelle und ihr Bruder Craig von
ihrer Kindheit erzählen. Ihre Selbstsicherheit und ihr Grund-
vertrauen wuchsen, weil sie als Kinder in ihrem jungen Leben
Ermutigung und Beständigkeit erfuhren. Der Bildungswillen
und der Ehrgeiz in Studium und Beruf blieben erhalten, weil
sich der Antrieb durch die Eltern bald mit Erfolgserlebnissen
mischte. «Die Eltern standen bedingungslos hinter mir. Und
Kinder brauchen genau das», erzählte Michelle 2009 dem
Magazin «Essence». Wie wichtig ihr diese Bestätigung durch
Familie und Freunde war, ist auch der Widmung ihrer
Bachelor-Abschlussarbeit in Princeton zu entnehmen: «Für
Mom, Dad, Craig und alle meine speziellen Freunde: Danke,
dass ihr mich liebt und es mir stets leicht macht, mich selbst zu
mögen.» Der «New York Times» vertraute sie an, die häus-
liche Beständigkeit habe ihr ein Gefühl der Geborgenheit
vermittelt. Selbst als sie längst aus dem Haus war, habe ihre
Mutter das Schlafzimmer der Tochter unverändert gelassen –
das Bett, die Decke, die Bilder an der Wand. Und so teilte sich
dieser Eindruck beruhigender Kontinuität noch der nächsten

Generation mit, Michelles Töchtern Malia und Sasha. Sie verbrachten viele Stunden in Chicago bei der Großmutter, da ihre eigenen Eltern Barack und Michelle berufstätig waren. «Mama, du kannst ruhig ein neues Bett reinstellen», habe sie ihrer Mutter geraten, sagt Michelle. Aber sie seien sich einig gewesen: «Die Kinder lieben es genau so.»

Ihr Bruder Craig betonte in verschiedenen Interviews mit dem TV-Sender ABC, dem «Providence Journal» und dem «Hartford Courant»: «Das Wichtigste für meine Mutter war, dass wir uns wohl in unserer Haut fühlen.» Die Eltern impften ihnen ein, sie sollten sich nicht durch Beispiele rassischer Vorurteile entmutigen lassen. «Ihr seid genau so viel wert wie alle anderen auch», hätten sie ihnen gesagt. Durch Fleiß und Leistung könne man alles erreichen. Gewiss, das Leben sei nicht immer gerecht. Es würden nicht automatisch die belohnt, die es am meisten verdient haben. Dennoch bleibe harte Arbeit der beste Weg, um die eigenen Ziele zu erreichen. Diese Art, wie die Eltern die Wirklichkeit erklärten, «erschien mir oft so unfair», erinnert Craig. «Aber sie half mir, das Leben zu meistern.» Für ihn und Michelle war dies die entscheidende Gegenbotschaft zum Fatalismus, den andere predigten. Viele behaupteten, schwarze Kinder könnten es in einer Welt, die von Weißen dominiert sei, ohnehin zu nichts bringen. «Wir wuchsen in einer Familie auf, die uns kontinuierlich bestätigte, wie klug wir sind, wie gut wir sind und wie nett es mit uns zusammen sei. Das war schwer zu schlagen. Unsere Eltern gaben uns so einen kleinen Vorsprung, indem sie unser Selbstbewusstsein stärkten.»

Bildung galt im Haushalt der Robinsons als der Weg, wie man die Barrieren der rassischen Vorurteile überwindet. «Unsere Eltern hielten uns dazu an, uns anzustrengen und unsere Hausaufgaben zu erledigen. Wenn man sich erst mal daran gewöhnt hat, will man selbst gar nichts anderes mehr als lauter As und Bs», also die besten Noten, sagt Craig.

Zu behütet sollte man sich die äußeren Bedingungen dieser Kindheit freilich nicht vorstellen, nicht nur wegen der untergründigen Spannungen zwischen Afroamerikanern und Weißen, die sich über die Jahre im Bewohnerwechsel in der Nachbarschaft ausdrückten. Die räumlichen Verhältnisse waren bescheiden. Das Obergeschoss des zweistöckigen Backsteinbaus, wo die vierköpfige Familie lebte, beschrieb Craig zu Beginn des Wahlkampfs (gegenüber der «Washington Post») als Zwei-, später (im «Boston Globe») als Vierzimmerwohnung. Dieser Widerspruch lässt sich leicht aufklären. Das großzügige Wohnzimmer – es maß nach Craigs Schätzung etwa 5,50 mal 4,80 Meter – wurde mit zwei Raumteilern in drei Räume verwandelt, um je ein eigenes Schlafzimmer für Craig und Michelle zu gewinnen, als sie älter wurden. «Es ging eng zu. Und wenn ich heute zurückdenke, dann frage ich mich: Wie haben wir das eigentlich ausgehalten? Aber damals kam uns das ganz normal vor.» Mit dem Tod des Hauseigentümers William Terry 1978 und der Pflegebedürftigkeit seiner Witwe Robbie standen den Robinsons zwar auch die Räume im Erdgeschoss zur Verfügung. Aber da nahte bereits das Ende der Schulzeit von Craig (1979) und Michelle (1981). Als Robbie Terry 1983 starb und das ganze Haus an die Robinsons überging, waren beide Kinder bereits ausgezogen und studierten in Princeton.

In den Kindheitsjahren war Michelles eigenes Reich also winzig klein, eher von der Größe einer Kammer als eines richtigen Zimmers. Dort bewahrte sie ihre Puppe auf, die afroamerikanische Version der Barbie, ein Puppenhaus, Spielzeugautos – und später sogar einen Miniaturbackofen.

Als Michelle und Craig etwas älter waren, mussten sie sich an der Hausarbeit beteiligen. Abwechselnd waren sie mit dem Abwasch dran, zu Michelles Pflichten gehörte es auch, samstags das Badezimmer zu putzen. Nachbarkinder, mit denen sie aufwuchs, ihre Mutter und ihr Bruder schildern sie als

Macherin, die lieber etwas tat, als herumzuträumen, und die ihren eigenen Kopf durchsetzte. Sie hätten zusammen Büro gespielt, erzählt Craig gern. Er sei der Boss gewesen und Michelle die Sekretärin, aber er habe nichts tun dürfen, weil Michelle darauf bestand, dass sie alle Arbeiten erledigte, die in dem ausgedachten Spiel anfielen. Körperliche Strafen für Kinder waren damals noch allgemein üblich. Der Vater jedoch habe allein mit seinem Blick strafen können, erzählte Michelle «Newsweek» im Februar 2008. Er habe dabei nicht einmal die Stimme gehoben, sondern nur mit kühlem Blick gesagt: «Ich bin enttäuscht.» Das habe genügt, dass die Kinder in Tränen ausbrachen. Insofern hatte auch der Bildungsehrgeiz der Eltern eine Kehrseite. Die Erwartungen schufen einen gewissen Leistungsdruck. Beide waren freilich gute Schüler und den Klassenkameraden in der Regel voraus. Mutter Marian übte mit ihren Kindern daheim bereits Stoff aus dem Lese- oder dem Rechenbuch, der im Unterricht noch gar nicht dran war. Beide übersprangen eine Klasse in der Grundschule.

Das lästige Vorbild des Bruders

Die beiden Geschwister zeigten allerdings ein unterschiedliches Lernverhalten. Craig flog das Wissen zu. Mutter Marian scherzte später, er habe nur die Lehrbücher unter dem Arm mit sich herumtragen brauchen, um eine Prüfung zu bestehen. Michelle habe sich schwerer getan und hart arbeiten müssen – womöglich auch, weil die Leichtigkeit, mit der ihr Bruder Erfolge einheimste, sie unter Druck setzte. «Sie war schnell enttäuscht von sich. Sie tat sich mitunter schwer mit Prüfungen. Deshalb unternahm sie alles Mögliche, um sich vorzubereiten. Ich bin sicher, dahinter steckten psychologische Gründe. Sie lernte fleißig, aber wenn man so einen Bruder hat … will man genauso gut sein oder noch besser.» Die verschiedenen Charaktere traten bereits im Vorschulalter zutage. Beiden Kindern wollte die Mutter vor der Einschulung das Lesen beibringen. Craig war folgsam, Michelle dagegen zeigte ihren eigenen Kopf, erzählte Marian dem afroamerikanischen Magazin «Ebony» 2008: «Erst brachte ich meinem Sohn das Lesen bei. Aber als Michelle an der Reihe war, wollte sie nicht und ignorierte meine Lektionen. Sie hatte sich offenbar vorgenommen, selbst herauszufinden, wie das geht.» Michelles Eigensinn wurde zu einem «running joke» in der Familie. Es müssten nur möglichst viele ihr oft genug zureden, etwas ganz Bestimmtes zu tun, scherzte ihr Bruder Craig 2008 (im «New Yorker»), das sei «die beste Garantie, dass sie es nicht tut». Er berichtet auch, Michelle sei von Kindheit an eine schlechte Verliererin gewesen. An Ballspielen habe sie leicht die Lust verloren, wenn ihr Team zurücklag.

Sport spielte in der Familie eine wichtige Rolle. Vater Fraser war ein erfolgreicher Boxer und Schwimmer gewesen, ehe die multiple Sklerose ihn beeinträchtigte. Mutter Marian nahm noch im Alter von über 60 Jahren an Seniorenwettläufen über Sprintdistanzen in Chicago teil. Craig war ein herausragender Basketballer. Auch Michelle hatte das Talent dazu, verlegte sich aber aufs Klavierspiel und Ballett. Ein Grund war vermutlich, dass sie ein Betätigungsfeld haben wollte, wo sie nicht an ihrem älteren Bruder gemessen wurde. Freiwillig und oft unermüdlich habe sie Klavier geübt – ohne dass man sie dazu auffordern musste, erzählt ihre Mutter.

Aus Michelles Beschreibungen ist herauszuhören, dass das Verhältnis zu ihrem Bruder in der Schul- und Studienzeit ambivalent war. Er war einerseits ihr Vorbild, und er ebnete ihr den Weg. Ihre Aufnahme in Princeton wurde dadurch erleichtert, dass er bereits dort studierte. Aber sie ärgerte sich wohl auch, dass Craig die Erfolge und die Bewunderung scheinbar mühelos einheimste, sie dagegen hart arbeiten musste. Mehrfach hat sie sich beschwert, sie habe sich von den Lehrern und Studienberatern nicht genügend ermuntert und gefördert gefühlt. Auf Typen wie ihren Bruder Craig hätten die sich dagegen gestürzt: «Als schwarzes Kind aus der South Side von Chicago, das gut Basketball spielt und klug ist, kam er überall rein. Aber ich kannte ihn und wusste, wie wenig er lernt. Und deshalb sagte ich mir: Was er kann, kann ich auch.»

Bis zur achten Klasse besuchte Michelle die «Bryn Mawr Elementary School» Ecke Jeffery und 73. Straße, zwei Blocks von ihrer Wohnung entfernt. Heute heißt sie «Edward Bouchet Elementary School». Michelle übersprang die zweite Klasse, lernte drei Jahre in einem Förderkurs Französisch, besuchte Leistungskurse Biologie am Kennedy-King Community College und machte ihren Abschluss 1977 als «Salutatorian», die Zweitbeste des Jahrgangs.

Nach der Grundschule trennten sich die Wege der Geschwister. Craig besuchte die katholische Mt. Carmel High School, gut drei Kilometer nördlich der Robinson-Wohnung. Und Michelle die Whitney M. Young Magnet High School im Stadtzentrum, 19 Kilometer von ihrem Zuhause entfernt. Beide bewegten sich damit außerhalb der konventionellen Schulwahl einer schwarzen Arbeiterfamilie – das wäre die nächstgelegene High School im Viertel gewesen. Aber die Eltern, die selbst keine höhere Bildung genossen hatten, legten Wert darauf, dass ihre Kinder die bestmöglichen Entwicklungschancen erhalten.

Vorzeigeschülerin einer Vorzeigeschule

Noch bis in die Schulzeit der beiden Robinson-Kinder waren in Chicago getrennte Schulen für Weiße und Schwarze die Regel – nicht weil wie im Süden Gesetze die Rassentrennung vorschrieben, sondern weil Kinder in die nächstgelegenen Schulen gingen, weil die Wohngebiete weitgehend einfarbig waren und weil die Stadt keine Anstrengungen unternahm, diese De-facto-Trennung nach der Hautfarbe zu überwinden. In den 60er Jahren waren die öffentlichen Schulen für Schwarze völlig überfüllt. In den 60er und 70er Jahren zogen immer mehr weiße Familien aus den innerstädtischen Bezirken in Vororte. Dadurch verschob sich das Zahlenverhältnis zwischen dem sinkenden Anteil weißer Schüler in zentrumsnahen Vierteln und der wachsenden Gruppe schwarzer Schüler weiter. Spätestens in den 70er Jahren galt die Stadtflucht der Weißen vielerorts in den USA als ein ernstes Problem der Kommunen. In jener Zeit gewann dank der Erfolge der Bürgerrechtsbewegung das Ziel an Zustimmung, begabte Schüler dunkler Hautfarbe durch die Aufnahme in bessere Schulen zu fördern. Dieser neue schulpolitische Ansatz führte zum Modell der «Magnet School». Sie sollte Schüler aus unterschiedlichen Familien, Bezirken und Kulturen anziehen, damit sie gemeinsam lernen.

In Chicagos West Side wurde 1975 die Whitney Young High School als eine solche Magnet High School eröffnet. Sie war seit 1970 auf dem Grundstück 211 S. Laflin Street geplant worden. Das Vorgängergebäude war während der Unruhen ausgebrannt, die 1968 auf die Ermordung Martin Luther Kings folgten. Heute ist die Schule hoch begehrt. 9000 Schüler bewarben sich im Schuljahr 2007/08 um die 450 Plätze für Neuaufnahmen. Vom Leistungsstand zählt sie zu den besten zehn Prozent in den USA. Ihre Website wirbt mit einem Bild der

First Lady, die 1981 mit Auszeichnung abschloss, und dem Spruch: «Where Academic Excellence is the Standard». Parks mit Sportplätzen, Wohnstraßen mit Einfamilienhäusern und einige Gewerbegebäude prägen die Umgebung. Das Ziel einer kulturell gemischten Schülerschaft ist erreicht. 32 Prozent sind Afroamerikaner, 28 Prozent Weiße, 22 Prozent Hispanics, 17 Prozent Asiaten. Im Vergleich zur Verteilung in der Gesellschaft der USA sind Weiße also unterrepräsentiert und Angehörige von Minderheiten überproportional vertreten.

Diese Verhältnisse bedeuten gleichwohl eine Normalisierung im Vergleich zu den Bedingungen, als Michelle dort drei Jahrzehnte zuvor ihr erstes High-School-Jahr begann. Es entspricht systematisch der neunten Klasse. Im Sommer 1977 war die Schule gerade zwei Jahre alt, sozusagen noch im Experimentierstadium. Rundum sah es öde aus: Brachflächen, aufgegebene Industriegebäude und Gewerbegrundstücke, eingegrenzt von vier Hauptverkehrsadern.

Michelles Schulweg war lang, anderthalb Stunden in jeder Richtung: Die 19 Kilometer Entfernung überwand sie mit Buslinien und dem «El train» (Elevated train), dem Hochbahnsystem. Warum bürden Eltern das einer 13-Jährigen auf? Bei der Suche nach den Motiven für die Schulwahl sind Michelles öffentliche Äußerungen – wieder einmal – nur bedingt eine Hilfe. Ihr Bemühen, ihren Lebensweg als Ergebnis von Kampf und Durchsetzungsvermögen zu schildern, führt auch hier zum Eindruck von gewissen Widersprüchen. «Meine Eltern hatten keine höhere Bildung, deshalb hatten sie keine Ahnung, was sie sich für uns wünschen sollten», hat sie 2004 der «Chicago Sun-Times» gesagt. Die Aussage steht im offenkundigen Gegensatz zu der anderen Haupterklärung – nämlich dass die Eltern ihr hohen Bildungsehrgeiz mitgaben. Der Wunsch nach einer besseren Schule war durchaus nachvollziehbar. Die nächste High School im Viertel war überfüllt und litt unter einem Mangel an Lehrern und Geldmitteln.

Die Gründung von Whitney Young war wie ein Geschenk für schwarze afroamerikanische Familien, die ihren Kindern den sozialen Aufstieg ermöglichen wollten. Michelle war nicht die Einzige aus South Shore, die diesen Weg wählte. In ihre Klasse ging zum Beispiel Santita Jackson, die Tochter des Pfarrers und Bürgerrechtlers Jesse Jackson.

Die begrenzten Optionen für Afroamerikaner bei der Schulwahl führten dazu, dass ihre Kinder es schwerer hatten, einen Platz in Whitney Young zu bekommen, als gleichaltrige Weiße. Die Schule tat sich schwer, die Weißenquote zu füllen, selbst Schüler mit schlechteren Noten wurden aufgenommen. Für Schwarze war der Wettbewerb um die Zulassung härter. Als Michelle in den Anfangsjahren die Whitney-Young-Schule besuchte, war der Weißenanteil noch relativ nah an der gewünschten Marke von 40 Prozent. In den Jahren nach ihrem Abschluss 1981 würde er stetig sinken: von 34 Prozent 1980 auf einen Tiefpunkt von 18 Prozent 1986. Vorübergehend hatte Whitney Young den Ruf, eine Schule für Afroamerikaner zu sein, ehe sich der multikulturelle Charakter wieder stärker hervortat, vor allem dank des Zustroms von Hispanics und Amerikanern mit asiatischen Wurzeln. Die «Rassenquoten» wurden schließlich aufgegeben. An ihre Stelle traten Aufnahmetests.

Die neue Vorzeigeschule bekam eine überdurchschnittliche Ausstattung. Sie verfügte über ein Schwimmbecken im Olympiaformat, einen eigenen Radiosender und Fremdsprachenlabors, die damals in Mode kamen. Michelle lernte weiter Französisch, wie die Schulleitung bei einem Besuch bestätigt. Sie fuhr in der High-School-Zeit sogar nach Paris, verriet Barack Obama in seinem Buch «The Audacity of Hope». Vermutlich fiel der Besuch in ihr vorletztes Schuljahr 1979/80 oder das letzte 1980/81. Doch über ihre Erinnerungen an diese erste Überseereise mag die First Lady nichts erzählen. Man kann sich denken, dass es eine prägende Erfahrung war: der erste Besuch in einem fremden Land samt der Erfahrung, dass sie die Fremdsprache, die sie seit Jahren lernte, dort praktisch anwenden konnte. Im Juni 2009 nutzte Michelle die Reise ihres Mannes zum 65. Jahrestag der Landung der Alliierten in der Normandie, um ihren beiden Töchtern Malia und Sasha mehrere Tage Paris zu zeigen – die Stadt ihrer eigenen ersten Auslandsreise. Zur Frage, wie gut die First Lady Französisch heute noch beherrsche, nachdem sie es rund 30 Jahre kaum pflegen konnte, sagt eine Quelle im Weißen Haus lediglich: «Nicht so gut, wie sie es sich wünschte». (Natürlich folgt auch hier die Bitte, das nicht als offizielle Auskunft zu betrachten.)

Michelle trieb viel Sport in der High-School-Zeit, freilich nicht so wettkampforientiert wie ihr Bruder. Ein Schulfoto zeigt sie bei einer Ballettaufführung: hochgewachsen, kerzengerade und sehr konzentriert. Das Gewicht ruht auf dem linken Bein, das rechte hat sie deutlich höher als im rechten Winkel Richtung Decke ausgestreckt, die Fußspitze auf der Höhe ihrer Nase. Die Arme sind zur Seite gespreizt, um die Balance zu wahren. Auf einem anderen Bild ist sie mit anderen sogenannten «Honor Students» aus ihrer Abschlussklasse 1981 zu sehen – in einer nahezu dem Ideal entsprechenden Verteilung von Schwarzen, Weißen, Hispanics und Asiaten. In allen vier High-School-Jahren gehörte sie zu den Klassenbesten und wurde deshalb in der «Honor Roll» geführt. Dank ihrer Leistungen schaffte sie sogar den Sprung in die «National Honor League», die Liste herausragender Schülerinnen in den USA. Ihre Klassenkameraden wählten sie zur Schatzmeisterin, die die Klassenkasse betreute. Manche Mitschüler sehen auf diesem Foto noch sehr jugendlich aus und lächeln breit. Zwei Mädchen ähneln bereits jungen Damen. Michelle wirkt wie im Übergang, nicht mehr ganz Jugendliche, aber auch noch nicht ganz Erwachsene. Sie überragt alle an Größe, trägt eine gelbe Seidenbluse und blickt freundlich, aber vergleichsweise ernst.

Princeton – Die Welt in Schwarz und Weiß

Das Studium führte die beiden Geschwister wieder zusammen. Als Michelle 1981 in Princeton angenommen wurde, studierte ihr Bruder Craig bereits seit zwei Jahren dort. Die traditionsreiche Hochschule in New Jersey, die viertälteste der USA, zählt zu den acht Universitäten der «Ivy League». Sie liegen allesamt an der Ostküste, gelten als sozial elitär und sowohl in akademischen als auch sportlichen Disziplinen als herausragend. Craig verdankte seine Aufnahme nicht zuletzt seinen außerordentlichen Qualitäten als Basketballer. Zweimal wurde er in seinen vier Jahren Studium «Spieler des Jahres»; bis heute hält er Platz vier in der ewigen Liste der Princeton-Studenten, die die höchste Zahl von Punkten in Spielen der Hochschulliga erzielten.

Michelles überdurchschnittliche Schulleistungen waren die Hauptursache für ihre Zulassung in Princeton. Auch der Umstand, dass ein so naher Verwandter bereits dort studierte, half ihr. Und Amerikas schlechtes Gewissen wegen der langen Benachteiligung der Schwarzen begünstigte die Aufnahme von Afroamerikanern ebenfalls. Doch eine Universität, die auf eine so lange Geschichte zurückblickte und eine ganze Reihe von Traditionen für das Leben auf dem Campus entwickelt hatte, war kein einfaches Pflaster für sie. Politisch fühlten sich die Konservativen in jenen Jahren bestärkt. Weniger als ein Jahr zuvor, im November 1980, war der Republikaner Ronald Reagan zum Präsidenten gewählt worden. Die Amtsjahre seines fortschrittlichen Vorgängers Jimmy Carter galten als fehlerbeladen. Die Epoche, in der der Zeitgeist eine rasche Weiterentwicklung der Minderheitenrechte unterstützte, war vorerst zu Ende. Das bekam auch Michelle zu spüren, als sie im Herbst 1981 nach Princeton kam. Sie empfand die Atmosphäre als nicht sonderlich integrationsfördernd für junge

Afroamerikanerinnen wie sie. Das soziale Leben zum Beispiel dreht sich um die zehn «Eating Clubs» auf dem Campus. Mitglied kann man nur auf Einladung werden – und bei dieser Entscheidung dominiert wiederum die Frage, ob Großvater, Vater oder Onkel auch schon diesem «Eating Club» angehörten. Das Problem der Zurückweisung betraf nicht nur Afroamerikaner. Noch in den 50er und 60er Jahren wollten die meisten «Eating Clubs» keine Juden aufnehmen. Und bis in die 80er Jahre hielten sich drei Clubs, die Frauen ausschlossen. In ähnlicher Weise verging eine gewisse Zeit, ehe auf die Zulassung afroamerikanischer Frauen und Männer zum Studium in Princeton auch die Aufnahme in die «Eating Clubs» folgte. Michelle gehörte noch nicht dazu. Sie aß in der Stevenson Hall, einer preiswerten Kantine, zu der alle Zugang hatten.

Aus Chicago hatte Michelle zudem den Argwohn mitgebracht, dass viele Menschen Schwarzen weniger zutrauen als Weißen. In Princeton prüfte sie Förderangebote, die ihr helfen sollten, sich zurechtzufinden, auf den Verdacht hin, ob dahinter eine Sondermaßnahme für Afroamerikaner stecke. Die Universitätsführung bot ihr einen speziellen Einführungskurs an und begründete das mit zwei Erfahrungen. Neustudenten aus wohlhabenden weißen Familien hatten erstens in aller Regel einen «Prep»-Kurs zur Vorbereitung auf das College absolviert. Latinos und Afroamerikanern fiel es zweitens oft etwas schwerer, mit der neuen Umgebung zurechtzukommen. Michelle und ihre Studienfreundin Angela Acree empfanden das Angebot aber nicht automatisch als umsichtige Hilfe ihrer Uni. Sie argwöhnten, dahinter steckten Rassenvorurteile. «Wir waren nicht sicher, ob die vielleicht dachten, wir bräuchten besondere Starthilfe, oder ob sie sich sagten: Lasst uns mal all die schwarzen Kinder zusammenbringen», erzählt Acree.

Das «Third World Center» wurde zum sozialen Treffpunkt der Afroamerikaner auf dem Campus. Die schwarzen Studen-

ten dort interessierten sich vor allem für afroamerikanische
Geschichte, die im Weltbild der meisten weißen Kommilito-
nen keine so große Rolle spielte. Zum Beispiel für Rosa
Parks, die sich 1955 in Montgomery, Alabama, gegen die Rassentrennung in den Bussen auflehnte und so den Busboykott
der Bürgerrechtsbewegung auslöste. Oder für die Scottsboro
Boys, neun schwarze Männer, die 1931 zu Unrecht der Verge-
waltigung einer Weißen angeklagt und zum Tode verurteilt
worden waren, aber der Exekution schließlich doch entgin-
gen. Diese Trennung des gesellschaftlichen Lebens und der
Studieninteressen nach der Hautfarbe blieb eine prägende Erfahrung für Michelle. Sie studierte Soziologie und sollte daraus
das Thema ihrer Abschlussarbeit nach vier Jahren Bachelor-
Studiengang entwickeln.

Drei Passagen aus der Studie, die sie 1985 einreichte, werden immer wieder zitiert und dominieren das öffentliche Bild
ihrer Studienzeit in Princeton. Die erste davon:

«Meine Erfahrungen in Princeton haben mich in dem
Bewusstsein, dass ich eine Schwarze bin, fester als je
zuvor bestärkt. Ich habe erlebt, dass ich mich, sosehr
sich manche meiner weißen Professoren und Mitstu-
denten auch um Liberalität und Offenheit mir gegenüber bemühten, manchmal wie eine Besucherin auf
dem Campus fühlte; als ob ich nicht wirklich dazuge-
höre. Unabhängig von den Umständen, unter denen
ich mit Weißen in Princeton zu tun hatte, erschien es
mir oft, als sei ich in ihren Augen in erster Linie eine
Schwarze und erst in zweiter eine Studentin.»

Das zweite, weitverbreitete Zitat:

«Diese Erfahrungen machen es für mich offenkundig,
dass der Weg, den ich durch mein Studium in Prince-

87

ton gewählt habe, zur weiteren Integration und/oder
zur Assimilierung in die Kultur- und Sozialstruktur der
Weißen führen wird, die mir nur eine Rolle am Rand
der Gesellschaft erlaubt, ohne je ein volles Mitglied zu
werden. Diese Bewusstwerdung hat mich für den Moment in dem Ziel bestärkt, meine Fähigkeiten dazu zu
nutzen, der Gemeinschaft der Schwarzen zu helfen.»

Das dritte, nicht ganz so häufige Zitat:

«Überwiegend weiße Universitäten wie Princeton
sind sozial und akademisch darauf ausgerichtet,
die Bedürfnisse der weißen Studenten zu befriedigen,
die die Mehrzahl der Immatrikulierten stellen.»

Die Schilderungen gehen zu Herzen. Sie erhellen, was
Michelle in diesem Lebensabschnitt bewegte und mit welchen Herausforderungen sie sich konfrontiert fühlte. Weniger
verständlich ist, warum diese Sätze in den USA immer wieder
mit der Bedeutungsschwere einer bleibenden Allgemeingül-
tigkeit zitiert werden. Es ist doch offenkundig, dass Michelle
ihre düsteren Zukunftsahnungen relativ rasch widerlegte. Sie
blieb nicht am Rande der Gesellschaft, ohne je ein vollwerti-
ges Mitglied werden zu dürfen. Ihr Schwarzsein hat ihr auch
nicht nur Ausschluss und Nachteile eingebracht. Im Gegenteil, ihre steile Karriere hat sie neben ihrer Begabung und
Durchsetzungskraft auch dem Umstand zu verdanken, dass
Weiße sie gerade deshalb besonders unterstützten, weil sie
eine Afroamerikanerin ist. Gut 23 Jahre nach Abschluss dieser
Arbeit ist sie nicht nur in der Mitte einer von Weißen dominierten Gesellschaft angekommen, sondern an deren Spitze:
im Weißen Haus.

Die Sätze zeigen die Gedanken einer jungen Frau, deren
Einstellungen, Lebenserfahrungen und politische Überzeu-

gungen noch nicht gefestigt sind, sondern sich allmählich herausbilden. Dazu gehört es, dass junge Menschen auch einmal radikalere Gedanken erproben. Im Rückblick können sie leicht überzogen wirken. Michelle schreibt selbst in einer Passage, man möge berücksichtigen, unter welchem Zeitdruck solche Abschlussarbeiten entstehen. Da soll man nicht jede Formulierung auf die Goldwaage legen – und darf unter Berücksichtigung anderer Quellen auch ruhig einmal bezweifeln, dass manche Aussagen so apodiktisch gemeint sind, wie sie klingen. Doch darf eine First Lady zugeben, dass sie in einer Studienarbeit im Alter von 21 Jahren vielleicht mit einigen Urteilen über das Ziel hinausgeschossen ist?

Ihre Erfahrungen in den vier Jahren in Princeton waren viel komplexer. Das zeigen erstens die Erzählungen von Mitstudentinnen und -studenten, die trotz der Maulkorb-Bemühungen des Wahlkampfteams offen mit Journalisten gesprochen haben. Das beschränkt sich auf ein knappes Dutzend Artikel im «Boston Globe», der «New York Times», der «Washington Post» sowie in den Magazinen «The New Yorker», «Newsweek» und «Ebony». Dort finden sich zweitens auch einige wenige Auskünfte aus dem Mund Michelles, ihrer Mutter und ihres Bruders; sie lassen den Schluss zu, dass es ihr nicht ganz so schlimm erging, wie es die obigen Zitate nahelegen. Der Eindruck, dass man ihre Prägung in Princeton nicht auf diese zwei, drei Textpassagen reduzieren darf, wird drittens aber auch in ihrer Bachelor-Arbeit deutlich. Man muss sie dafür allerdings in ihrer Gesamtheit ernst nehmen.

Michelles Bruder war ein hochpopulärer Basketballstar ihrer neuen Hochschule. Wie plausibel klingt da die Annahme, die Schwester des bewunderten Sportlers sei auf dem Campus missachtet oder ignoriert worden? Es ist viel wahrscheinlicher, dass ein Teil seines Glanzes auf sie abfiel. Studienkolleginnen wie Lisa Rawlings haben das im Übrigen bestätigt. Michelle habe dank Craig sehr rasch viele neue Leute

89

kennengelernt. Craig hat mehrfach mit einer ironischen Note darüber gesprochen, so als habe seine Präsenz es für sie schwerer gemacht, mit Jungen zu flirten. Es habe womöglich abschreckend gewirkt, dass seine brüderlichen Augen über ihren Lebenswandel wachten. «Ich bin ihr vielleicht manchmal im Weg gewesen.» Manche Studenten hätten sich nicht getraut, mit Michelle auszugehen, weil ihr Bruder in der Nähe war.

Ihre Mutter Marian kann sich nicht erinnern, dass Michelle in den Studienjahren je in derselben Schärfe von der angeblich so schwarzenfeindlichen Atmosphäre in Princeton berichtet habe, wie sie es in den gängigen Zitaten aus ihrer Studienarbeit beschreibt. «Darüber hat sie uns nicht viel erzählt», sagte sie Ende Februar 2008 dem Magazin «Newsweek», als die Medien sich intensiver mit der Bachelor-Arbeit befassten. «Ich habe das erst jetzt der Lektüre verschiedener Artikel entnommen, dass sie damals so ein Gefühl hatte, als unterscheide sie etwas von den anderen Studenten. Davon hat sie sich (damals) nicht beeinträchtigen lassen.»

Zuflucht in der Dritten Welt

Woher kommt dann die Vehemenz in diesen Sätzen? Erstens lesen sie sich im Kontext der Arbeit gar nicht so scharf, wie sie aus dem Zusammenhang gerissen klingen. Zweitens schreibt sich Michelle, zumindest in manchen Passagen, eine Portion Zorn oder Enttäuschung vom Leibe. Das Studium in Princeton verlangte ihr eine enorme Umstellung ab. Zum ersten Mal in ihrem Leben wohnte sie weit weg von zuhause. Ihre bisherigen Erfahrungen, wer in ihrer direkten Umgebung in der Mehrheit und wer in der Minderheit ist, wurden auf den Kopf gestellt. Sie kam aus einem Wohnviertel, in dem Afroamerikaner über 90 Prozent der Bevölkerung stellten. Sie hatte eine High School absolviert, in der schwarze Schüler die größte Gruppe waren. In Princeton machte sie erstmals in ihrem Leben die persönliche Erfahrung, einer Minderheit anzugehören. 1141 Neustudenten gehörten ihrer Jahrgangsklasse an, nur 94 davon waren Afroamerikaner. Ein Realitätsschock.

Auch deshalb wurden das Dritte-Welt-Zentrum und das Zentrum für Afroamerikanische Studien zu einer Art Ersatzheimat für Michelle. Sie war 17 Jahre alt, als sie nach Princeton kam, hatte Heimweh, und diese Treffpunkte boten wenigstens einen Hauch der Geborgenheit, die sie von ihrem Zuhause gewohnt war. Im Dritte-Welt-Zentrum stand auch ein Klavier, auf dem sie wie zuvor daheim üben konnte. Michelle habe ihm darauf die Titelmelodie der Comic-Serie «Peanuts» vorgespielt, als er ungefähr sieben Jahre alt war, erzählt Jonathan Brasuell, der Sohn des damaligen Leiters dieses Zentrums. «Das Zentrum war der Mittelpunkt unseres Lebens», sagt die Afroamerikanerin Angela Acree, die vom zweiten bis vierten Studienjahr mit Michelle zusammenwohnte. «Dort hingen wir herum, dort feierten wir, dort lernten wir.»

In Princeton herrschte kein auf Harmonie bedachter Umgangston zwischen Schwarzen und Weißen, wie Michelle das von der Whitney Young High School kannte. An welcher der beiden Gruppen das lag, darüber gingen die Meinungen auseinander. Aus Michelles Perspektive mochte es so scheinen, als nehmen Weiße die Schwarzen nicht mit offenen Armen auf, siehe die Erfahrung mit den «Eating Clubs». Bei Weißen wiederum konnte sich der Eindruck einstellen, die Schwarzen wollten unter sich bleiben und schotteten sich ab.

Diese unausgesprochenen inneren Barrieren auf beiden Seiten formten auch das Verhältnis zwischen Michelle und der weißen Studentin Catherine Donnelly aus New Orleans, mit der sie zu Studienbeginn das Zimmer in Princeton teilte.

«Michelle begann ziemlich bald, nur noch mit schwarzen Studenten auszugehen», erzählte Donnelly im Juni 2008 dem «Boston Globe». Da gab es freilich ein unangenehmes Geheimnis. Ihre Mutter, eine weiße Südstaatlerin, hatte versucht, einen Zimmertausch für ihre Tochter Catherine zu arrangieren, als die ihr erzählte, dass sie nun mit einer Schwarzen zusammenwohne. Davon erfuhr freilich Michelle damals nichts. Es könnte jedoch sein, dass der Vorfall Catherine und ihr Verhalten Michelle gegenüber beeinflusst hat. «Es war meine geheime Schande», sagte sie später. «Vielleicht hätte ich mich stärker bemühen müssen, eine Freundschaft mit ihr zu begründen. Umgekehrt lud sie mich aber auch nie dazu ein, etwas gemeinsam zu unternehmen.» Mit dem routinemäßigen Wechsel in andere Wohnräume zu Beginn des zweiten Studienjahrs trennten sich ihre Wege.

Michelle mietete nun gemeinsam mit drei schwarzen Studentinnen, darunter Angela Acree, eine spärlich möblierte Wohnung. Unter den Kolleginnen war sie für vier Dinge bekannt. Sie stand früh auf. Sie war ein besonderer Fan des blinden schwarzen Sängers Stevie Wonder und besaß eine überdurchschnittlich große Sammlung seiner Platten. Sie verfolgte ihr Studium mit Fleiß und Disziplin. Und sie zog sich gern etwas besser an, soweit das ihr schmales Budget zuließ. «Michelle kleidete sich modisch», erinnert sich Acree. «In verschwitzten Klamotten würde sie sich nicht erwischen lassen.» Mindestens zweimal beteiligte sie sich an Modeschauen, deren Erlös afroamerikanischen Anliegen zugute kam. Bei der einen Show unter dem Titel «Geheime Fantasien» für eine äthiopische Organisation trug sie ein ärmelloses Ballkleid aus rotem Samt. Bei der anderen zugunsten eines Fortbildungsprogramms für schwarze Kinder kleidete sie sich in einen gelben Rock im karibischen Stil.

Die Gegner der gezielten Förderung von Minderheiten waren zudem keine schweigende Minderheit in Princeton, sondern eine lautstarke, gut organisierte Gruppe. Diese Traditionalisten hatten sich unter dem Namen «Concerned Alumni of Princeton» (CAP) zusammengeschlossen. In den Jahren vor ihrer Gründung 1972 hatten sie die gemeinsame Erziehung von Mädchen und Jungen abgelehnt. Ihren Widerstand gegen den Zeitgeist artikulierten sie in einer konservativen Zeitschrift, dem «Prospect». Dort wurden Standpunkte veröffentlicht, die auf afroamerikanische Studenten verletzend wirken mussten, zum Beispiel dass die weiße Kultur der schwarzen überlegen sei oder dass Schwarze stärker zur Gewalt neigten.

Michelle fand solche Gedanken natürlich empörend. Andererseits hielt sie sich an Studentenkreise, die die umgekehrte Form von Abschottung pflegten, wo die Schwarzen unter sich blieben. Sie besuchte die Veranstaltungen der «Organization of Black Unity» und des «Black Thought Table». Typische Diskussionen drehten sich um «die Frage, ob es bereits Verrat an der eigenen Rasse sei, eine von Weißen dominierte Hochschule zu besuchen», beschreibt Steve Dawson, Exvorsitzender der Association of Black Princeton Alumni (ABPA), die Stimmung. Eine Herausforderung war in dieser Atmosphäre der Umgang mit der Universitätszeitung «The Daily Princetonian», die unter Schwarzen als «typisch weißes Blatt» galt, jedoch neuerdings von einer Afroamerikanerin geleitet wurde: Crystal Nix Hines. Mit Hines war Michelle einerseits befreundet, und sie begrüßte deren Berufung zur Chefredakteurin als Zeichen, dass eine weitere historische Barriere in Princeton falle. Andererseits folgte daraus für sie nicht automatisch, dass die Zeitung nun ein Organ für die Sichtweisen beider Seiten sein solle, sondern sie erwartete, dass Hines die Texte zensiere. Als ein Artikel erschien, der einen schwarzen Politiker mit weniger schmeichelhaften Worten bedachte, verlangte Michelle nach Hines' Erinnerung: «Du musst sicherstellen, dass so ein Bericht nie wieder erscheint.»

Trennend wirkten auch die unterschiedlichen Vermögensverhältnisse von weißen und schwarzen Studenten. Michelle
kam aus einem bescheidenen Arbeiterhaushalt, viele Kommi-
litonen dagegen aus reichen Familien. In Princeton traf sie,
wie sie der «Vogue» im September 2007 erzählte, «Studenten,
die BMWs fuhren. Ich kannte bis dahin nicht mal Eltern, die
einen BMW hatten.» Michelle bemühte sich, durch Jobs
etwas Geld nebenher zu verdienen. Sie half in der Tagesbe-
treuungsstätte für den Nachwuchs von Universitätsangestell-
ten aus. Schon damals bereitete ihr der Umgang mit Kindern
viel Freude.

Die weggesperrte Abschlussarbeit

Michelle hat also zwiespältige Erfahrungen in Princeton gemacht. Und wer die These belegen möchte, sie habe sich dis-
kriminiert gefühlt und dort sei der Ursprung zu finden für
spätere Äußerungen, die sie als «angry black woman» erscheinen ließen, der kann genug Zitate finden, zum Beispiel
in ihrer Abschlussarbeit. Als das Thema aufkam, haben die
Obamas viele Monate lang die Aufklärungsbemühungen er-
schwert. 2007 ließen sie Michelles Bachelor-Studie für den
öffentlichen Zugang sperren. Ursprünglich hatten sie den
Verschluss bis zum Wahltag im November 2008 beantragt.
Doch diese Zensur ließ sich nicht durchhalten. Ende 2007
und Anfang 2008 gab es eine Reihe bissiger Kommentare dazu. Barack Obama war bemüht, sich im Wettstreit mit Hillary
Clinton um die Präsidentschaftskandidatur der Demokraten
als der «transparentere» Bewerber darzustellen. Er legte seine
Steuererklärungen offen, sie hielt die Öffentlichkeit lange
hin. Doch dann verwischte der Konflikt um Michelles weg-

geschlossene Bachelor-Arbeit diesen Unterschied. Deshalb ließ die Kampagne Michelles Princeton-Studie von 1985 am 22. Februar 2008 in voller Länge auf den Internetseiten des Magazins «Politico» veröffentlichen. Bis heute drängt sich freilich der Eindruck auf, dass die meisten Menschen, die über Michelles Arbeit schreiben, sie nicht ganz gelesen haben. Die Studie trägt den Titel «Princeton-Educated Blacks and the Black Community». Michelles Ziel war es, herauszufinden, ob Afroamerikaner durch ihr Studium in Princeton ihre Einstellung zum Umgang mit Schwarzen und Weißen ändern und ob sich ihre Bindung an die schwarze Gemeinschaft durch die Ausbildung verändert hat. Die Arbeit umfasst 98 DIN-A4-Blätter, davon 64 Schreibmaschinenseiten Text, 20 Seiten statistischer Anhang und nur eine Seite Bibliografie.

Bei der Vorbereitung dieser Studie erlebte Michelle zwei Enttäuschungen. Vielleicht hat sich auch der Unmut darüber in manchen Formulierungen und Thesen niedergeschlagen. An 400 afroamerikanische Princeton-Absolventen hatte sie ihre sechs Seiten umfassenden Musterfragebögen verschickt. Rund 1200 schwarze Princetonianer waren damals in der ABPA organisiert, der bereits erwähnten «Association of Black Princeton Alumni». Doch nur 89 schickten ausgefüllte Unterlagen zurück – und das bei einem Thema, von dem sie selbst meinte, es müsse eine Herzensangelegenheit für alle Schwarzen sein. Nach ihrer Berechnung, so hatte sie im Begleitbrief geschrieben, würde es maximal 20 Minuten dauern, die 18 Multiple-Choice-Fragen zu beantworten. Frankierte und bereits adressierte Rückumschläge hatte sie beigefügt. Die Befragung war zudem anonym, niemand musste fürchten, sich durch die Auskünfte bloßzustellen. Die ABPA unterstützte ihr Anliegen in einem ebenfalls beiliegenden Brief des Präsidenten. Mitte März hatte sie als spätesten Rücksendetermin angegeben: «Ich bin sicher, Sie erinnern sich noch, unter welchem extremen Zeitdruck Abschlusssemester ihre Arbeit

95

schreiben.» Bis Mai wollte sie mit Auswertung und Formulierung der Ergebnisse fertig sein. Sie versprach, zum Dank eine Zusammenfassung ihrer Forschungen dem Verein schwarzer Princeton-Alumni zu überlassen.

Die Fragen betrafen – jeweils aufgeteilt auf das persönliche Verhalten in den Lebensjahren vor Princeton, in Princeton und nach Princeton – die generelle Zeitaufteilung jedes Teilnehmers für intellektuelle Tätigkeiten, Freizeitvergnügen, Religion, politische oder geschäftliche Aktivitäten. Dann die spezifische Aufteilung des Umgangs mit Weißen oder Schwarzen auf verschiedenen Gebieten in den drei Lebensphasen vor, während und nach Princeton. Es folgten Erkundigungen nach den Motivationen für das Verhalten und nach den persönlichen Ansichten über den Umgang zwischen Schwarzen und Weißen. Schließlich gab es noch Fragen nach der sozialen und ökonomischen Stellung der Eltern sowie dem je individuellen Lebensweg. Manche Fragen mochten abschreckend direkt klingen – zum Beispiel die explizite Aufforderung, bei der Zahl der privaten Treffen sexuelle Aktivitäten mitzuzählen. Oder die Erkundigung «Glauben Sie, dass Gott Ihr Leben beeinflusst?». Auch die Aufforderung, die Zahl der Bücher zuhause anzugeben, wobei sie sieben Kategorien von «0» bis «über 100» anbot. Die Begründung, die sie im zweiten Kapitel dafür angibt, warum sie nach der Zahl der Bücher fragt, klingt einigermaßen überraschend: Das sei ein eingeführter «grober Maßstab für die Lese- und Schreibkundigkeit». Man könnte einwenden, diese Fähigkeiten dürfe man bei Absolventen einer der besten Universitäten des Landes voraussetzen. Solche Details tragen zusammen mit der eher kurzen Liste benutzter Fachbücher zu dem Eindruck bei, dass wir es mit einer schnell zusammengeschriebenen Studie zu tun haben, die ungefähr dem Niveau einer Seminararbeit im deutschen Grundstudium entspricht und nicht etwa einer wohlüberlegten, methodisch gefestigten Diplomarbeit.

Oben links: Michelle im Alter von sieben Jahren, 1971. Oben rechts: Die junge College-Absolventin im Talar, 1985. Unten: Familienfoto der Robinsons mit Mutter Marian, Vater Fraser III., Bruder Craig und Michelle als Baby, 1964.

Oben links: Michelle besucht mit Barack zum ersten Mal seine Familie väterli-
cherseits in Kenia. Oben rechts: Das Brautpaar Obama mit den Müttern Marian Robinson und Ann Dunham, 1992. Unten: Michelle Obama mit den Töchtern Malia (rechts), Sasha (links) und dem frisch gekürten Bundessenator für
Illinois, 2004.

Oben: Michelle nimmt an einer Wirtschaftsrunde für Frauen teil, August 2008.
Unten: Vier Engel für Barack, von links: Michelle Obama, Caroline Kennedy,
Maria Shriver, Oprah Winfrey. Im Februar 2008 treten sie bei einer Wahlkampf-
veranstaltung der Demokraten im Stadion der University of California in Los
Angeles auf.

Oben: Unternehmung abseits der Politik: Das Ehepaar Obama genießt hinter der Bühne das Konzert von Bruce Springsteen und Billy Joel im Hammerstein Theater, New York, Oktober 2008. Unten: Einer der wenigen Familienauftritte während des Wahlkampfs, Mai 2008. Michelle versucht normalerweise die Töchter vor den Medien zu schützen.

Oben: Liebevolle Umarmung des neu gewählten Präsidenten und der First Lady am Wahltag, 4. November 2008. Unten: Rauschende Bälle nach der Amtseinführung. Das Präsidentenpaar tanzt nach den Anstrengungen der letzten Monate und Jahre ausgelassen durch die Nacht.

Oben: Die First Lady erntet gemeinsam mit Schülern der Bancroft Elementary School frischen Salat im hauseigenen Garten. Unten links: Besuch der Latin American Montessori Bilingual School anlässlich des mexikanischen Feiertags am 5. Mai. Unten rechts: Michelle und Barack besuchen eine Schule in Washington.

Oben links: Das Präsidentenpaar mit der deutschen Kanzlerin Angela Merkel und ihrem Mann. Oben rechts: Michelle und Barack besuchen die Queen in London. Unten: Der Hund der Mädchen namens Bo wird von der ganzen Familie offiziell der Presse vorgestellt.

Michelle Obama auf einer «Time 100»-Gala im Mai 2009. Die Veranstaltung ehrt jedes Jahr die hundert einflussreichsten Persönlichkeiten der Welt.

Im Vergleich der beiden akademischen Systeme entsprechen amerikanische Collegejahre sowohl nach dem Lebensalter der Studenten (Michelle war vom 17. bis 21. Lebensjahr in Princeton) als auch nach der Phase der Ausbildung dem deutschen Grundstudium, nicht dem Hauptstudium oder gar der Promotion. Das ist ein Argument mehr, ihre Formulierungen nicht überzubewerten.

Auf den Schock, dass nur 89 der 400 Angeschriebenen antworteten, folgte die Enttäuschung über die Inhalte. Michelle hatte erwartet, afroamerikanische Studenten würden sich während ihrer Zeit in Princeton durch den Wettbewerb mit Weißen und durch Integrationshindernisse, wie sie selbst sie erlebt hatte, stärker ihrer schwarzen Hautfarbe bewusst werden. Sie hatte zwar auch angenommen, dass das Studium an einer so renommierten Hochschule den sozialen und ökonomischen Aufstieg befördern werde und dass schwarze Absolventen es dank dieser Karriere später vermehrt mit weißen Arbeitskollegen zu tun haben würden. Aber sie hielt zugleich die Hoffnung aufrecht, dass die Probanden von ihrer inneren Einstellung her dennoch ihren afroamerikanischen Wurzeln treu blieben und ein starkes Verantwortungsgefühl für die schwarze Gemeinschaft beibehielten oder nun erst recht entwickelten. Die Antworten in den Fragebögen legten in ihrer Summe jedoch nahe, dass das Identitätsgefühl der Betroffenen als Schwarze zwar während der Studienzeit in Princeton wuchs, in den Jahren danach aber drastisch zurückging.

Michelle schreibt offen über die Diskrepanz zwischen ihren Arbeitshypothesen und den tatsächlichen Ergebnissen: «Meine Studie habe ich begonnen mit der Überlegung, wie ich mich selbst künftig als ehemalige Alumna verhalten werde. Ich fragte mich, ob das Studium in Princeton meine Identifizierung mit der schwarzen Gemeinschaft verändern würde oder nicht. Ich hatte gehofft, die Ergebnisse würden die Schlussfolgerung erlauben, dass schwarze Princeton-Alumni trotz des hohen Grades an Identifizierung mit Weißen im Ergebnis ihres Bildungs- und Berufswegs ein gewisses Maß an Identifizierung mit der schwarzen Gemeinschaft beibehielten. Doch meine Ergebnisse lassen diese Möglichkeit nicht zu.» Michelle sah sich im Zuge dieser Arbeit mit einer beunruhigenden Frage an ihre eigene Zukunft konfrontiert. Falls die Ergebnisse als Fingerzeig für ihren persönlichen weiteren Lebensweg dienen konnten, dann war es hochwahrscheinlich, dass auch sie ihrem Ideal nicht treu bleiben würde. Ihre überdurchschnittliche Ausbildung würde ihre Verbindung mit der schwarzen Gemeinschaft nicht stärken, sondern lockern. So kam es dann ja auch. Michelle fand die Karriere- und Gehaltsaussichten, die ihr das Studium in Princeton und Harvard in angesehenen, von Weißen dominierten Firmen eröffneten, durchaus attraktiv.

Mitchell Duneier, selbst ein Soziologieprofessor in Princeton, hält die gängige Interpretation von Michelles Arbeit für ein Missverständnis. «Es wäre verfehlt, ihre Arbeit als polemisches Essay über ihre Entfremdung (in Princeton) zu lesen.» Michelle habe Hypothesen aufgestellt, die sie dann aber im Lichte der Ergebnisse verwerfen musste. Ihre Verwunderung, dass sie mit ihren Annahmen so falsch gelegen hatte, kann jeder, der ihre Arbeit studiert, mit etwas Einfühlungsbereitschaft aus ihren Formulierungen herauslesen.

Schlussendlich darf man einen weiteren Umstand nicht verschweigen, der den strengen Ton mancher Textpassagen erklären könnte: Michelle war eine junge Lady, die ihre Ausbildung außerordentlich ernst nahm und ihre Umgebung mit kritischem Blick beobachtete. Sie legte hohe Maßstäbe an. Selbst in den Augen ihrer liebevollen Familie konnte das bisweilen unterhaltsame Züge annehmen. Ihre Mutter und ihr Bruder erinnern sich an ein Telefongespräch, in dem Craig nach Hause berichtet habe, Michelle beschwere sich in

Princeton darüber, dass der Französischunterricht nicht adäquat sei. Es werde zu wenig Wert auf Konversation und praktische Gesprächssituationen gelegt. Mutter Marian habe dem Sohn daraufhin den Rat gegeben: Wenn ihm das peinlich sei, solle er einfach so tun, als kenne er Michelle nicht.

Princeton hatte also einen Doppeleffekt mit zwei fast konträren Seiten für Michelle. Sie wurde aus ihrem bisherigen Leben in einer mehrheitlich schwarzen Umgebung herausgerissen. Sie erlebte eine Identitätskrise. Die Anpassung an eine mehrheitlich weiße Umgebung brachte Herausforderungen und konfrontative Erfahrungen mit sich. Zugleich würde diese Ausbildung sie rasch in eine neue Gesellschaftsschicht mit angenehmen materiellen Begleiterscheinungen katapultieren. In einer anderen Passage ihrer Studienarbeit, die fast nie zitiert wird, schrieb Michelle: «Zu Beginn meines Abschlussjahres sehe ich, dass ich in vielem nach denselben Zielen strebe wie meine weißen Jahrgangskollegen: der Aufnahme in eine prestigeträchtige weiterführende Universität oder nach einer hochbezahlten Position in einer erfolgreichen Firma.»

Aus diesem Spannungsfeld ergab sich eine besondere psychologische Herausforderung für sie und für andere afroamerikanische Studenten, die eine herausragende Ausbildung genossen: Durften sie dieses Privileg einfach als persönliche Chance und Belohnung ihrer Leistung hinnehmen oder zog es besondere Pflichten nach sich? Mussten sie die gewonnenen Erkenntnisse und Fähigkeiten nun in den Dienst der schwarzen Sache stellen oder durften sie die Früchte für ihr privates Wohlergehen genießen? Auch dieser Druck lastete auf Michelle.

Das Festtagsfoto zum Bachelor-Abschluss lässt nichts von inneren Kämpfen erkennen. Es zeigt eine junge Frau, die offenkundig stolz und selbstbewusst ist. Die dunklen Augen glänzen warm. Die Lippen sind zu einem breiten Lächeln geöffnet, weiß blitzen die Zähne. Große Perlen schmücken die Ohren. Michelle trägt einen schwarzen Talar mit breitem weißem Kragenrand über der blauen Bluse. Auf dem Kopf thront der Ausweis ihrer frischen akademischen Ehren: der rautenförmige schwarze Hut, dessen vier Spitzen nach vorn, hinten und zu den beiden Kopfseiten weisen, mit einer bis auf Ohrhöhe herabhängenden Quaste.

Harvard – Anpassung an die Oberschicht

Ihre innere Einstellung, wie sie mit diesem Druck und dem Zwiespalt umging, wandelte sich in den folgenden Jahren beim Jurastudium in Harvard weiter. Schon die Entscheidung für diese zweite Eliteuniversität bedeutete, dass Michelle ihre vorige Unsicherheit im Wesentlichen überwunden hatte. Vor Princeton und während des Studiums dort hatte sie bezweifelt, dass sie sich auf das Zusammensein mit Angehörigen der weißen Oberschicht einlassen konnte, ohne ihre schwarzen Wurzeln aufzugeben. Ihr Betreuer in der Harvard Law School, Charles Ogletree, beschreibt ihre Entwicklung folgendermaßen: «Princeton bedeutete eine Weggabelung für Michelles Identität. Die Frage für sie lautete, ob sie das Bewusstsein, das ihr ihre schwarzen Eltern mitgegeben hatten, bewahren kann. Oder ob die Ausbildung an einer Eliteuniversität sie zu einem anderen Menschen formen würde. Als sie nach Harvard kam, hatte sie diese Frage für sich beantwortet. Sie konnte beides sein: brillant und schwarz.» Die Entscheidung für Harvard interpretiert Ogletree als Antwort auf ihre Identitätszweifel. Sie war nun weitgehend mit sich im Reinen, was ihre Stellung als Afroamerikanerin und als Frau betraf. Sie löste sich jetzt auch vollends von der Vorbildrolle ihres Bruders. Die hatte sich nicht allein auf die Entscheidung für ein Grundstudium in Princeton beschränkt. Sondern auch er hatte seinen Bachelor dort in Soziologie erworben, 1983, zwei Jahre vor Michelle. Doch nur sie ging nach Harvard, er schlug nach Princeton einen anderen Weg ein. Freilich lassen sich weiterhin gewisse Parallelen zwischen den beiden Geschwistern beobachten. Beide werden mit der Wahl ihrer Studienfächer und Berufseinstiege nicht auf Dauer glücklich und suchen nach Alternativen. Und in der gegenseitigen Beobachtung samt dem Gedankenaustausch über diese Suche nach dem richtigen Lebensweg haben sie sich weiterhin gegenseitig beeinflusst.

Craig versuchte sich als Profi-Basketballer. Die Philadelphia 76ers warben ihn 1983 an, er kam aber nie für sie in der Profiliga NBA zum Einsatz. So wechselte er nach Großbritannien und spielte zwei Saisons für die Manchester Giants. 1988 kehrte er in die USA zurück und wurde Assistenztrainer für die Hochschulmannschaft des Illinois Institute of Technology. In den Folgejahren probierte er seine Talente auf verschiedenen Gebieten aus. Er studierte Finanzwissenschaft an der Graduate School of Business in Chicago und schloss 1992 mit einem Master of Business Administration (MBA) ab. Parallel versuchte er sich als Börsenhändler und arbeitete für die Continental Bank; dort stieg er in die Führungsetagen auf. 1992 wechselte er zur Investmentbank Morgan Stanley. Finanziell ging es ihm glänzend in diesen Jahren in der Bankenwelt. Er verdiente sechsstellige Dollarsummen als Jahresgehalt, besaß ein Haus mit sechs Schlafzimmern, fuhr prestigeträchtige Autos und genoss luxuriöse Urlaube.

Michelle wird, als sie so weit ist, ebenfalls großen Wert auf ein hohes Gehalt legen. Aber anders als sie war Craig zu drastischen Gehaltseinbußen bereit, als ihm klar wurde, dass der Erfolg in der Investmentbranche ihn nicht glücklich machte. 1999 kehrte er der Finanzwelt den Rücken und suchte erneut den Einstieg als Basketballtrainer. Sein Gehalt sank auf ein Zehntel der vorigen Summe, aber er fühlte sich, wie er sagte, endlich wieder als ein ganzer Mensch.

Michelle sollte zeitversetzt ähnliche Phasen von Versuch und Irrtum, von oberflächlichem Erfolg und finanzieller Belohnung, aber inhaltlicher Enttäuschung, auf der Suche nach dem passenden Berufs- und Lebensweg durchmachen. Das Jurastudium in Harvard, das sie im Herbst 1985 aufnahm, war der Einstieg in diesen Lebensabschnitt. Es bildet die Brücke vom Aufbegehren gegen die Rassenverhältnisse in Princeton zur Anpassung an die Welt der oberen weißen Mittelklasse zu Beginn ihrer Anwaltskarriere.

Warum Jura, warum Harvard? Michelle gibt keine Hilfestellung bei der Suche nach der richtigen Antwort, weil sie ihre damaligen Motive bis heute öffentlich nicht auf überzeugende Weise erklärt hat. Im Gegenteil, sie hat sich im Wahlkampf oft kritisch über die Welt der Juristen und speziell der Anwaltskanzleien geäußert. Ein Hauptstudium der Rechtswissenschaft an einer herausragenden Law School war ein eher konventioneller Weg nach dem Grundstudium in Princeton. Andere, sehr übliche Alternativen waren Bewerbungen bei einer Bank oder einem anderen großen Konzern, um ein gutes Gehalt zu ergattern und möglichst rasch die Studienkredite zurückzuzahlen. Wer stattdessen Jura studierte, schob diese Kalkulation um ein paar Jahre hinaus – und durfte zum Ausgleich danach mit ziemlicher Sicherheit ein noch attraktiveres Gehalt erwarten.

Czerny Brasuell, der von 1981 bis 1984 das Dritte-Welt-Zentrum in Princeton leitete und seinen Sohn bisweilen von Michelle betreuen ließ, beschrieb die künftige First Lady im «Princeton Bulletin» nach Barack Obamas Wahl zum Präsidenten als Person mit hohem Mitgefühl für bedürftige Mitmenschen. Er hatte sie sich freilich nicht als Juristin vorgestellt. Er versuchte ihr diese Studienwahl 1985 auszureden, weil sie, wie er meinte, nicht zu ihr passe. Und er war nicht überrascht, als er ein paar Jahre später von ihr hörte, der Anwaltsberuf sei wohl doch nicht das Richtige für sie gewesen. Andererseits war ihm klar, dass Michelle nicht so leicht aufgab, wenn sie sich etwas vorgenommen hatte. Sie hielt über sieben Jahre mit Jura durch, erst im Studium, dann in der Kanzlei Sidley Austin.

Auch Harvard hatte damals, wie Princeton, einen Rektor, der «affirmative action» befürwortete: Derek Bok. Und auch in Harvard gab es eine gut organisierte Gruppe, die diese gezielte Förderung von Minderheiten ablehnte, weil sie in der Praxis die Aufnahmechancen der weißen Mehrheit beschnitt. Universitätsweit hatten die Konservativen sich im lokalen Ableger der «Federalist Society» zusammengeschlossen. Speziell an der Law School gab es eine progressive Gegenbewegung. Die Anhänger der «Critical Legal Studies» (CLS) bemängelten, dass Rechtswissenschaft und Gesetze Mechanismen seien, die den gesellschaftlichen Wandel bremsen, statt ihn voranzubringen. Denn sie orientierten sich an den tradierten Sichtweisen. Sowohl Michelle als auch ihr späterer Mann Barack Obama, der ebenfalls in Harvard Jura studierte – freilich drei Jahre nach ihr, da er zwischen Grundstudium und der Promotion in Rechtswissenschaft rund drei Jahre Sozialarbeit in einem Armengebiet Chicagos leistete –, wurden stark beeinflusst von dieser Debatte. Letztlich war sie der entscheidende Anstoß für ihren Weg in die Politik. Als Rechtsanwalt könne man die Welt nur im Rahmen der Auslegung der geltenden Gesetze beeinflussen, lautete die zentrale Schlussfolgerung. Wer mehr Wandel wünsche, müsse die Gesetze verändern, also Politiker werden und Mehrheiten für eine andere Gesetzgebung organisieren.

Michelle ahnte wohl, dass sie ihre Aufnahme auch der Förderung durch «affirmative action» verdankte. Und sie lernte rasch, sofern sie es nicht schon vorher wusste, was manche

111

Weiße argwöhnten: nämlich dass ein Teil der Afroamerikaner es ohne diese Mechanismen nicht nach Harvard geschafft hätte. Aber es habe sie nicht groß gestört, erinnert sich eine Mitstudentin, Verna Williams: «Sie erkannte an, dass sie durch ‹affirmative action› einen Vorteil hatte. Aber sie fand, das sei völlig in Ordnung.»

Obamas Wahlkampfteam bestritt diese Sichtweise im Februar 2008 gegenüber US-Medien ausdrücklich und setzte eine andere Erklärung dagegen. Bei der Aufnahme in Princeton 1981, so gaben die Helfer nun zu, habe die Tatsache geholfen, dass ihr Bruder dort studierte und Vorzeigesportler war. Die Zulassung in Harvard 1985 hingegen sei allein ihren herausragenden Leistungen in Princeton zu verdanken. Zu diesem Zeitpunkt der Kampagne hatte Michelle ohnehin mit dem widersprüchlichen Bild zu kämpfen, dass sie persönlich es in der US-Gesellschaft sehr weit nach oben geschafft hatte, sich aber öffentlich oft darüber beschwerte, wie sehr die Schwarzen benachteiligt würden.

Während des Jurastudiums in Harvard war Michelle nach den Erzählungen ihrer damaligen Freunde und Wegbegleiter politisch nicht sonderlich aktiv. Sie brachte ihre Sichtweisen und Erfahrungen mit dem Umgang von Schwarzen und Weißen in die Lehrveranstaltungen ein. Und sie suchte, wie in Princeton, Gesellschaft im Umkreis afroamerikanischer Institutionen, zum Beispiel dem «BlackLetter Journal». Diese Publikation befasste sich mit den Rechtsproblemen Schwarzer. Anders als ihr späterer Mann, der erster schwarzer Chefredakteur der «Harvard Law Review» wurde, bemühte sie sich nicht um Aufnahme in die Redaktion dieser renommierten Fachzeitschrift. Dabei war die Atmosphäre in ihrem Umfeld hoch politisiert. Ronald Reagan war mit großer Mehrheit wiedergewählt worden. Im Sommer 1987, am Ende ihres zweiten Studienjahrs, erreichte der Protest gegen Reagans Wunschkandidaten für einen offenen Sitz im Verfassungsgericht, den Konservativen Robert Bork, auch die Universität Harvard. «Stop Bork» stand auf der Tafel eines Hörsaals, den Michelle besuchte. Regelmäßig gab es auf dem Campus Demonstrationen gegen das Apartheidsregime in Südafrika oder für die Berufung von mehr Frauen und Minderheitenvertretern als Professoren. Doch in solchen Fragen hielt sich Michelle mit öffentlicher Parteinahme zurück. An Demonstrationen habe sie sich kaum beteiligt, sagen Mitstudentinnen. Ehrenamtliche Arbeit leistete sie jedoch. Die wird in den USA von allen Studenten erwartet und spielt später eine wichtige Rolle bei Bewerbungen. Michelle half im «Legal Aid Bureau» aus, einer von Studenten betriebenen Organisation, die ärmeren Bürgern unentgeltliche Rechtsberatung erteilt. Dabei ging es zum Beispiel um Mietstreitigkeiten, den Anspruch auf Sozialleistungen oder auch die Beratung in Scheidungsverfahren, die vor allem Frauen helfen sollte, ihre Ansprüche durchzusetzen.

Insgesamt drängt sich dieses Resümee für Michelle in Harvard auf: Die Zeit dort und die Studieninhalte waren nicht die Erfüllung großer Sehnsüchte und Wünsche. Sie zog dieses Hauptstudium, das üblicherweise mit dem Doktor der Jurisprudenz abschließt, durch, um sich und der Welt zu beweisen, dass sie das kann. Sie hat sich durchgebissen, weil sie sich dieses Ziel gesetzt hatte. Und dazu passt dann auch der Gratulationsspruch, den ihre Eltern in das Jahrgangsbuch der Abschlussklasse 1988 drucken ließen, nachdem sie den dafür üblichen Obolus entrichtet hatten: «Wir wussten, dass du das schaffen würdest – schon vor 15 Jahren, als wir dich nie dazu bringen konnten, den Mund zu halten.»

Die Anwältin und der Praktikant

«Ich bin die Zynikerin in der Familie.
Er ist der Hoffnung-Typ.»

Michelle am 1. Mai 2008 in Indianapolis

Mit der Promotion in Harvard 1988 war für Michelle der
Moment gekommen, um den Lohn der mühevollen Studien-
jahre einzustreichen – und damit anzufangen, ihre Schulden
für sieben Jahre Studium zurückzuzahlen. Sie bekam eine Anstellung in der Anwaltskanzlei Sidley Austin in Chicago. Dort
hatte sie ein Jahr zuvor ein Sommerpraktikum absolviert.

Das öffentliche Wissen über Michelles drei Jahre in der
Kanzlei kreist im Wesentlichen um wenige Wochen im Sommer 1989; damals lernte sie Barack kennen. Er hatte ein ähnliches Sommerpraktikum erhalten wie sie zwei Jahre zuvor,
und sie war als seine Betreuerin eingeteilt worden. Im Zuge
der immer selben Anekdoten in den Berichten darüber haben
sich einige Legenden entwickelt, die sich bis heute halten.
Eine davon besagt, Michelle sei die einzige Afroamerikanerin
bei Sidley Austin gewesen. Den Anstoß dazu gab sie selbst
durch ihre Bemerkung, sie habe Baracks Avancen zunächst
zurückgewiesen. Denn sie und er seien «die einzigen zwei
schwarzen Menschen hier» gewesen, und was hätte das für
einen Eindruck gemacht, wenn die gleich etwas miteinander
haben. Als die «Washington Post» diese Darstellung am 11. Mai
2007 wiederholte, verlangte die Kanzlei eine Korrektur: 1989
hätten 14 Afroamerikaner als Rechtsanwälte bei Sidley Austin gearbeitet. Zu den «Partnern», also Eigentümern der Kanz-

lei, gehörte damals ebenfalls ein Schwarzer, Charles Lomax. Die Legende von Michelle als einziger Schwarzer dort wurde in anderen Medien dennoch weiter kolportiert.

Die Begegnung mit Barack führte zu einer bedeutenden Wende in Michelles Leben. Sie beschränkte sich nicht auf ihr Privatleben. Aufgrund der Gespräche mit ihm schlug sie einen neuen Karriereweg ein. Wer Aufschluss über den Wandel ihrer Einstellungen und Prioritäten in den drei Jahren in der Kanzlei sucht, dem helfen die weitverbreiteten bunten Berichte über das Kennenlernen und Flirten mit Barack nicht weiter. Sondern dafür muss man die abermals eher raren Informationen über ihre Arbeitsfelder sowie ihren Umgang mit Vorgesetzten und Kollegen zusammensuchen. Erst im Vergleich der 27-jährigen Michelle, die Sidley Austin 1991 den Rücken kehrt, mit der 24-jährigen Michelle, die 1988 in die Kanzlei eingetreten war, wird deutlich, welch enormen Einfluss die Begegnung mit Barack auf ihre Berufsziele hatte.

Gutes Geld und Langeweile

So wie Princeton und ihre Bachelor-Arbeit für eine Phase des gedanklichen Aufbegehrens gegen die herrschenden Verhältnisse standen, lässt sich der Berufseinstieg bei Sidley Austin als Anpassung an die Gesellschaftshierarchie und ökonomische Ordnung deuten. Michelle strebte damals einen gutbezahlten Job in einer angesehenen Firma der Privatwirtschaft an und nicht etwa eine Tätigkeit aus politischer oder sozialer Motivation. Auch diesen Umstand haben spätere Kontroversen im Wahlkampf vernebelt. Doch Michelle hatte ihre Optionen früh sondiert. Bereits in ihren ersten Studienjahren in Princeton hatte sie sich umgehört, inwieweit das Netzwerk der

Alumni sie fördern könne. Auf dem Campus gab es ein Büro namens «Career Services», dort konnte sie die Adressen ehemaliger Princeton-Studenten nachschlagen, die ihren Nachfolgern Hilfe bei Fragen zur Berufswahl, nach Ferienpraktika und Berufseinstiegen anboten. Michelle stieß auf den Namen Stephen Carlson. Er arbeitete in der Anwaltskanzlei Sidley Austin in ihrer Heimatstadt Chicago. Noch während ihres Soziologiestudiums schrieb sie ihm einen Brief, ob die Firma Sommerpraktika für Studentinnen wie sie anbiete. Carlson antwortete ihr damals, für Sidley kämen nur Jurastudenten infrage. Er legte aber eine Liste öffentlicher Organisationen bei, die eventuell Praktikanten aus anderen Fächern in den Collegejahren nehmen, und ermunterte sie, in Kontakt zu bleiben.

Ihr Studium der Rechtswissenschaft in Harvard eröffnete dann die Chance, die ihr zuvor noch verwehrt war. Nach ihrem zweiten Jahr Jura absolvierte Michelle ein Ferienpraktikum bei Sidley Austin, zusammen mit rund 50 anderen Studenten. Diesmal musste sie keine Eigeninitiative zeigen. Die großen Kanzleien der USA schicken ihre Talentspäher Jahr für Jahr an die herausragenden Universitäten, um die späteren Absolventen kennenzulernen und zu testen. Üblicherweise geschieht das nach dem zweiten Studienjahr, also ein Jahr vor dem Studienabschluss. Weniger häufig sind solche Praktika bereits nach dem ersten Studienjahr Jura, wie es Barack Obama erhielt. Die Kanzlei bot Michelle als Einstiegsgehalt 65 000 Dollar. Es war eine bequeme Lösung. Sie kam nach Hause im doppelten Sinne: in ihre Heimatstadt Chicago und zu ihren Eltern. Auch ihr Bruder Craig kehrte 1988 nach Chicago zurück, nach zwei Jahren als Basketballer in Großbritannien.

Sidley Austin war keine besonders originelle Wahl. Barack Obama würde sich nach Abschluss seines Jurastudiums in Harvard für eine kleinere Kanzlei entscheiden, die sich auf Bürgerrechtsfälle spezialisierte, und die Lehrtätigkeit als Dozent für Verfassungsrecht an der Universität von Chicago. Sidley

Austin, 1866 gegründet, gilt als eine der traditionsreichsten und größten Kanzleien der USA. Die Wohnung der Robinsons in South Shore lag rund 16 Kilometer weiter südlich. Dort zog Michelle nun wieder ein. Ihre drei Jahre in der Kanzlei habe sie als langweilig empfunden, hat Michelle später oft gesagt. Die Arbeit sei intellektuell keine große Herausforderung gewesen. Sie konnte ihren Ehrgeiz nicht befriedigen. Und sie habe das Gefühl gehabt, den meisten Kolleginnen und Kollegen sei es ähnlich gegangen. Bei Wahlkampfauftritten ging sie noch weiter in der Zurückweisung ihres eigenen Berufseinstiegs, warnte vor der Privatwirtschaft samt ihren finanziellen Verlockungen und empfahl stattdessen den öffentlichen Dienst. «Wir haben die Welt der Konzerne verlassen, und wir wissen, es ist viel verlangt, wenn wir das von anderen erwarten», sagte sie Ende Februar 2008 in einer Kinderbetreuungsstätte in Zanesville, Ohio. «Geht nicht in die großen Firmen, helft lieber eurer lokalen Gemeinschaft, werdet Sozialarbeiter, Krankenschwester. Das sind die Berufe, die wir brauchen, und wir ermutigen junge Leute, das zu tun. Wenn ihr euch freilich entscheidet, aus den Betrieben auszuscheiden, die das große Geld verdienen, wie wir das getan haben, und in die Berufe zu gehen, wo man anderen hilft, dann hat das Folgen für das Gehalt.»

Mit solchen Äußerungen verletzte sie einige ihrer Exkollegen – und generell manche Obama-Anhänger, die in der Privatwirtschaft arbeiten. Sie störten sich nicht an der Aufforderung, soziale Berufe anzustreben statt der hochbezahlten Jobs in Kanzleien, Banken und Vorstandsetagen. Positiv gewendet gehört der Aufruf zum Dienst am Vaterland spätestens seit John F. Kennedy zum unverzichtbaren Repertoire demokratischer Präsidentschaftskandidaten. Sie wunderten sich jedoch über die negative Tonlage in Michelles Begründung. Sie machte die Empfehlung zu einem wiederkehrenden Teil ihrer Reden zu Jahresbeginn 2008, an der Universität von South

Carolina, in Florida, Rhode Island und anderswo. Und es klang so, als stelle sie Rechtsanwälte und Finanzdienstleiter unter den Generalverdacht, sie seien herzlose Menschen, denen es allein ums Geld gehe. «Wenn jemand die Begabung hat, eine Sache gut zu vertreten, dann verhökert man die nicht an den höchsten Bieter», sagte sie. Damit wollte sie den Berufsweg ihres Mannes als Community Organizer und Bürgerrechtsanwalt als selbstlos hervorheben. Doch zugleich konnte sich der Satz wie eine Beleidigung der Juristen anhören, die einen anderen Weg wählten. Ähnliches galt für ihre Aussage: «Wir wollen nicht in einer Welt leben, die von Rechtsanwälten und Hedgefonds-Managern bestimmt wird.»

Stephen Carlson, der Mann, der ihr über das Princeton-Alumni-Netzwerk die Türen bei Sidley Austin geöffnet hatte, sagte später, mit solchen Äußerungen habe Michelle ihn tief enttäuscht.

Die eigentliche Frage ist: Entsprachen derartige Sätze ihren wahren Empfindungen über ihre Zeit in der Kanzlei? Oder tat sie nur so, weil sie meinte, dass sie im Wahlkampf hilfreich seien – und schoss bei ihren Formulierungen über das Ziel hinaus, sodass sie manche Bekannte und Exkollegen befremdete? Dieses Muster kennen wir aus Princeton: Michelle neigt dazu, ihre Vergangenheit kämpferischer darzustellen, als es ihre Wegbegleiter aus den entsprechenden Lebensabschnitten in Erinnerung haben. In der Kanzlei ist sie nicht schlechter behandelt worden als andere Anfänger. Im Gegenteil, dort wurde sie sogar bevorzugt bei der Zuteilung interessanter Aufträge.

Deshalb liegt eine psychologische Erklärung nahe, die zwar nicht ihren Ursprung im Wahlkampf hat, aber durch ihn befördert wurde. Im Vergleich zu ihrem Mann Barack hatte Michelle im Studium und beim Berufseinstieg erkennbar weniger politisches Interesse und soziales Engagement gezeigt. Sie hatte sich zwar gedanklich mit der Lage der Afroamerikaner auseinandergesetzt. Er aber hatte in beeindruckendem Maße Zeit und Geld geopfert, um den Schwarzen aktiv zu helfen. Nach dem Grundstudium gab er einen gutbezahlten Job in der Finanzberatung in New York auf, um drei Jahre lang Sozialarbeit in der South Side von Chicago zu leisten. Ihre freiwilligen Dienste an der Gemeinschaft wie die Rechtsberatung für Arme in Harvard beschränkte sich auf das Ausmaß, das allgemein üblich war. Bei der Wahl ihres Berufseinstiegs spielten materielle Annehmlichkeiten offenkundig eine Rolle. Für ihn dagegen war die Höhe seines Gehalts nie entscheidend gewesen.

2008 im Wahlkampf sollten die beiden nun – trotz ihrer unterschiedlichen Vorgeschichten – als politische Einheit erscheinen. Michelle passte die Interpretation ihres Lebenswegs an das Kandidatenimage ihres Mannes an. Sie überkompensierte dabei ein wenig, so als müsse es ihr neuerdings ein schlechtes Gewissen bereiten, dass sie ihr Ziel eines gutbezahlten Jobs in einer angesehenen Firma damals erreicht hat. Erste Anflüge solcher Gewissensbisse hatte sie freilich schon früher geäußert. Der «Chicago Sun-Times» sagte sie 2004, als ihr Mann für den US-Senat kandidierte, sie habe sich in ihren Jahren in der Kanzlei gefragt: «Darf ich in meinem Mercedes-Benz beim Familientreffen vorfahren und mich wohl fühlen, wenn meine Vettern darum kämpfen, sich ein Dach über dem Kopf zu bewahren?»

Tatsächlich gelang ihr mit der Anstellung in der Kanzlei genau das, was sie damals angestrebt hatte. Es war ein konventioneller Weg für Absolventen der Harvard Law School – nichts, was nach einer besonderen Begründung verlangt hätte.

Nur wenige Menschen konnten bisher die Mauer der Verschwiegenheit durchbrechen, die erst das Wahlkampfteam und dann das Weiße Haus um Michelles Arbeit als Rechtsanwältin errichtet haben. Man darf freilich ein gewisses Verständnis für die Zurückhaltung der Obamas haben, Detailinformationen preiszugeben. Die Erfahrung der Clintons ist ein warnendes Beispiel. Ihre Gegner haben immer wieder versucht, aus den juristischen Anliegen, die Hillary Clinton in ihrer Zeit als Rechtsanwältin in Little Rock vertrat, während Bill Gouverneur von Arkansas war, Interessenkonflikte abzuleiten. Diese Bemühungen reichten bis in seine Präsidentschaft hinein. «The National Law Journal» hat im Sommer 2008 einige Fälle zusammengetragen, an denen Michelle beteiligt war. Sie gehörte dem Team an, das der Telefongesellschaft AT&T 1990 bei der feindlichen Übernahme des Finanzdienstleisters NCR half. Sie war auch Teil der Mannschaft, die 1990 den Konzern Union Carbide beim Verkauf einer seiner Chemiefirmen an Arco gegen die Bedenken der Verbraucherschutzbehörde FTC vertrat. Da hatte Michelle es mit millionen- bis milliardenschweren Wirtschaftsinteressen zu tun.

Die «Washington-Post»-Journalistin und Michelle-Biografin Liza Mundy hat sich 2008 auf einen anderen Aspekt der juristischen Arbeit Michelles konzentriert, die Glitzerwelt der Werbung. Sie wurde in die Abteilung für Marketing und geistiges Eigentum aufgenommen. Es hieß, dort gehe es unterhaltsamer zu als in den Abteilungen, die alltägliche Rechtsstreitigkeiten betreuen und Gerichtsprozesse vorbereiten. Zu den Klienten gehörte zum Beispiel der Box-Promoter Don King. Michelle war auch beteiligt an der Vermarktung von Barney, dem lila Dinosaurier – der populären Hauptfigur einer neuen Fernsehserie für Kinder –, als Plüschtier. Sie musste die Werbetexte auf urheberrechtliche Konsequenzen hin prüfen.

Aus Sicht vieler Kollegen hatte Michelle eine beneidenswerte Position. Ihrem Vorgesetzten Quincy White ist dagegen in Erinnerung geblieben, sie sei selten mit der ihr zugeteilten Arbeit zufrieden gewesen und habe Aufgaben verlangt, die eine höhere Verantwortung mit sich brachten. Aus seiner Sicht hätte das freilich auch bedeutet, ihr Fälle anzuvertrauen, die über ihren damaligen Erfahrungshorizont hinausgingen. Und es hätte das Risiko heraufbeschworen, dass andere Neuzugänge dies als Zurücksetzung empfinden und sich daraus Konflikte im Binnenklima entwickeln. Manchmal gab er jedoch ihrem Drängen nach. Er überließ ihr die Arbeit an der Werbung für die Biermarke «Coors», aus seiner Sicht eine Aufgabe mit überdurchschnittlichem Sex-Appeal. Michelle beschwerte sich bei Whites Vorgesetztem, dass man sie wie eine Berufsanfängerin behandle – nach Whites Erinnerung war es der einzige Fall, dass ihm so etwas passiert sei. In einem klärenden Gespräch mit diesem Vorgesetzten kamen sie überein, das sei nicht als Vorwurf zu verstehen. Schließlich war Michelle damals genau das: eine relativ unerfahrene Einsteigerin im zweiten Berufsjahr. Nur eben ziemlich ehrgeizig.

«Begabt, aber auch nur ein Mann»

Dann kam der Sommer 1989, der ihr Leben völlig verändern sollte. Ihr wurde ein Sommerpraktikant zugeteilt, von dem Michelle mit Blick auf das Bewerbungsfoto meinte, dass er eine zu große Nase habe. Über diese Wochen sowie die folgenden Monate und Jahre bis zur Hochzeit am 3. Oktober 1992 haben Michelle und Barack sich ziemlich ausführlich geäußert – aber im Verlauf mehrerer Jahre auch ein bisschen widersprüchlich. Mittlerweile haben Zeitzeugen manche Details korrigiert. Michelle erzählt gern, sie sei dem Ruf, der Barack vorauseilte, mit Misstrauen begegnet. Mehrere Sekretärinnen und Kollegen hätten von dem blitzgescheiten, ansehnlichen Jurastudenten aus Harvard geschwärmt. «Ich dachte mir, auf die macht wohl jeder Schwarze Eindruck, der einen Anzug trägt und eine gute Ausbildung hat», spottete sie im

März 2008 gegenüber «The New Yorker». Als sie seinen komischen Namen hörte und erfuhr, dass er auf Hawaii aufgewachsen sei, habe sie einen «unbeholfenen, sonderlichen und abstoßenden» Praktikanten erwartet, sagte sie im Herbst 2007 der «Chicago Sun-Times». Dem lokalen Konkurrenzblatt «Chicago Tribune» hatte sie im Januar 2004 anvertraut: «Es klang zu gut, um wahr zu sein. Ich war schon mit einigen Typen ausgegangen, die mit einer ähnlichen Reputation zu uns gekommen waren. Ich dachte, er sei auch so ein geschmeidiger Typ, der die Leute mit seinen schönen Reden beeindruckt. Ich lud ihn zum Mittagessen ein, er hatte ein komisches Sportjackett an, eine Zigarette hing in seinem Mundwinkel, und ich dachte mir: Da sitzt mal wieder so ein gutaussehender, glattzüngiger Mensch. Das hast du schon ein paar Mal erlebt.»

Solche rückblickenden Erzählungen muss man nicht für bare Münze nehmen. Sie sind Teil einer Wahlkampfinszenierung, erst für die Senatswahl 2004 in Illinois, dann die Präsidentschaftskampagne 2008 mit einem klaren dramaturgischen Ziel. Die Ehefrau prognostiziert den Bürgern: Egal, was ihr bisher über Barack Obama gehört habt, er wird euch positiv überraschen. Ihr sei es schließlich genau so gegangen. Damit aber niemand überzogene Erwartungen entwickelt, flicht sie in ihre Standard-Wahlkampfrede gern den Satz ein: «Er ist ein begabter Mann. Aber am Ende ist auch er nur ein Mann.»

Der tatsächliche Ablauf ihres Kennenlernens wird etwas anders gewesen sein. Sie war seine Praktikumsbetreuerin, und sie hat ihn, wie Barack in seinem Buch «The Audacity of Hope» schreibt, am Vormittag seines ersten Praktikumstags kennengelernt, vor fast allen anderen in der Kanzlei und nicht erst durch deren Erzählungen. Es klingt auch nicht gerade logisch, dass sie eine abstoßende Person erwartet habe, wenn andere ihn ihr als gutaussehenden Menschen mit einnehmendem Wesen beschrieben hatten.

Michelle behauptet, er habe sehr rasch mit ihr geflirtet. Sie sei aber nicht darauf eingegangen, weil sie das angesichts ihrer Arbeitsbeziehungen für unpassend hielt. Die Exkollegen bei Sidley Austin erinnern sich etwas anders. Sie habe sich ebenso sehr um ihn bemüht wie er sich um sie. In der Zeit kurz vor Feierabend, um 17.30 Uhr, habe Barack im Sommer 1989 oft auf einer Ecke von Michelles Schreibtisch gesessen, und beider Körpersprache habe das Werben umeinander verraten. Einer der Chefs der Kanzlei und seine Frau liefen den beiden dann auch noch im Kino über den Weg.

Michelles offizielle Version lautet, das Praktikum sei schon halb vorbei gewesen, ehe die Zurückhaltung fiel und sie zu einem richtigen «Date» ausgingen. Ihrer Mutter habe sie zu Beginn des Sommers gesagt, sie brauche Zeit für sich und wolle mit Männern nichts zu tun haben. Bei dem Date hätten Barack und sie erst das Kunstmuseum besucht, dann einen Drink an der Spitze des John-Hancock-Centers, eines der höchsten Wolkenkratzer in Chicago, genommen und sich schließlich den Film «Do the Right Thing» von Spike Lee angeschaut. Dort habe sie es zugelassen, dass er ihr Knie berührte. Als die Obamas 2004 in Marthas Vineyard an der nördlichen Atlantikküste Urlaub machten und Spike Lee trafen, habe Barack sich bei ihm bedankt; sein Film habe diese erste Annäherung ermöglicht. So beschreibt es «The New Yorker» im März 2008 unter Berufung auf Michelle. Der «Chicago Sun-Times» hatte sie einige Monate zuvor gesagt, Barack habe an dem Tag «seinen ganzen Charme eingesetzt. Und es hat gewirkt. Er hat mich einfach umgehauen.»

In Baracks Erzählungen war es nochmal anders. In dem Abschnitt in «The Audacity of Hope» unterlaufen ihm freilich faktische Irrtümer: Er verlegt sein Praktikum in den Sommer 1988 statt 1989. Und er schwindelt über Details, entweder in dieser Passage oder in seinem ersten Buch «Dreams from My Father». In «Audacity» schreibt er, er habe sich für das Praktikum drei Anzüge gekauft, die ersten überhaupt in seinem Leben. In «Dreams» verrät er dagegen, er habe sich bereits während seiner Arbeit für eine Handelsberatungsfirma 1983 in New York im Spiegel des Aufzugs in Anzug und Krawatte betrachtet. Laut Barack sahen Michelle und er sich seit dem Lunch am ersten Praktikumstag täglich im Büro, in der Bibliothek der Kanzlei und in der Cafeteria sowie bei verschiedenen Freizeitaktivitäten, die Sidley Austin organisierte. Michelle habe ihn auch zu «ein oder zwei Partys mitgenommen, wobei sie meine bescheidene Garderobe taktvoll übersah und sogar versuchte, mich mit einigen ihrer Freundinnen zu verkuppeln». Ein offizielles Date habe sie jedoch abgelehnt. Nach einem Sommerpicknick der Firma habe sie ihn in ihrem Auto zu dem Apartment gefahren, das er für das Praktikum gemietet hatte. Zum Dank habe er für sie beide Eiscreme beim Baskin-Robbins-Stand auf der anderen Straßenseite gekauft.

«Wir saßen auf der Kante des Bürgersteigs und aßen unsere Eistüten in der stickigen Nachmittagshitze, und ich erzählte ihr von meinen Aushilfsjobs als Teenager bei Baskin-Robbins und wie schwer es mir gefallen sei, cool auszusehen in der braunen Schürze und Mütze. Sie erzählte mir, dass sie sich als Kind zwei oder drei Jahre lang geweigert habe, irgendetwas anderes als Erdnussbutter und Götterspeise zu essen. Ich sagte, ich würde gern ihre Familie kennenlernen. Sie sagte, das würde ihr gefallen. Ich fragte, ob ich sie küssen dürfe. Es schmeckte nach Schokolade.»

Beider Darstellungen, wann und wo es zur ersten körperlichen Annäherung kam, im Kino oder beim Eis am Bordstein, klingen poetisch. Nur würde man gern wissen, wie es wirklich war. Bei der Aufklärung sind die Obamas keine große Hilfe. Das Weiße Haus beantwortet Anfragen dazu ebenso wenig, wie das Wahlkampfteam zuvor Auskunft zu Wissenslücken oder fragwürdigen Momenten in Baracks Lebensweg

gab. Amerikanische Journalisten kolportieren die gefühlsseli-
gen Schilderungen gern, streichen aber selten heraus, dass die
hübschen Details sich nun einmal schwer miteinander vereinbaren lassen.

Doch selbst diese voneinander abweichenden Versionen,
wie aus der Bürobekanntschaft eine amouröse Beziehung
wurde, fügen sich auf bemerkenswerte Weise in das größere
Bild von den Unterschieden zwischen Michelle und Barack
ein. Sie ist bürgerlich geprägt. Alles muss seine Ordnung
haben. Zu ihrer Welt und Werteordnung gehören die heile
Familie, das Streben nach einer angesehenen Berufsstellung
und einem guten Gehalt – und was das Liebesleben betrifft,
der geregelte Gang der Dinge vom offiziellen Date über die
Verlobung zur Hochzeit.

Barack ist unkonventionell aufgewachsen, ohne den leib-
lichen Vater und mit einer Mutter, die fast alles anders macht
als das bürgerliche Amerika. Ann ist eine Weiße aus Kansas, die
es nach Hawaii verschlagen hat. Zweimal heiratet sie auslän-
dische Gaststudenten. Das zweite Mal zieht sie dem Mann ins
Ausland hinterher, nach Indonesien, wo auch Barack zwischen
seinem sechsten und zehnten Lebensjahr aufwächst. Beide
Ehen gehen in die Brüche. Die Mutter muss den Sohn aus der
ersten Verbindung und die Tochter aus der zweiten allein auf-
ziehen und studiert parallel Entwicklungshilfe, um nach Indonesien zurückzugehen, nun als Fachkraft. Barack wohnt in der
High-School-Zeit bei seinen Großeltern. Die tradierten Sit-
ten, die der Gesellschaftsordnung Halt geben sollen wie die
Regeln für das Dating, eine Verlobung und Hochzeit, bedeuten ihm wenig. Liebschaften entwickeln sich, wenn wahre
Gefühle dahinterstecken, auch ohne Trauschein zu einem be-
lastbaren Bund. Bei den Ansichten über die Institution und
den Wert der Ehe zieht Michelle Barack mit der Zeit auf ihre
Seite. In den Diskussionen, welche Berufe und Arbeitsinhalte
erstrebenswert sind, überzeugt Barack umgekehrt Michelle.

Im Frühjahr 1991 lud er sie dann zu einem Abendessen in einem feineren Restaurant in Chicago ein, dem «Gordon's» in der Clark Street, um, wie er sagte, den Abschluss seines Juraexamens in Harvard zu feiern. «Er lenkte mich zu dem Thema und brach eine weitere dieser Diskussionen los – doch dann kam das Dessert, und auf dem Teller lag ein Kästchen mit einem Verlobungsring darin.» Barack fragte triumphierend: «Das macht dich jetzt sprachlos, oder?»

Bei diesem Überzeugungsprozess half in gewisser Weise Michelles Familie. Barack hat verschiedentlich betont, wie sehr ihn der herzliche Umgangston und das Gefühl der Geborgenheit in ihrem Elternhaus beeindruckten. Ihm sei das fast wie in der Vorzeigefamilie in «Leave it to Beaver» vorgekommen, einer populären Fernsehserie der 50er und 60er Jahre, schreibt er in «Audacity»: «Da war Fraser, der freundliche, gutgelaunte Vater, der keinen Tag in der Arbeit und kein Wettkampfspiel seines Sohnes verpasste. Da war Marian, die schöne, sensible Mutter, die Geburtstagskuchen backte, das Haus in Ordnung hielt und freiwillige Dienste in der Schule leistete, um sicherzugehen, dass ihre Kinder sich dort brav verhielten, aber auch die Lehrer ihre Pflichten erfüllten. Da war Craig, der Basketballstar und Bruder, hochgewachsen, freundlich, höflich und witzig; er arbeitete als Investmentbanker, träumte aber von einer Karriere als Trainer eines Tages in der Zukunft. Und da waren Onkels und Tanten und Cousins, die ständig vorbeikamen, um gemeinsam zu essen, bis sie platzten, oder um wilde Geschichten zu erzählen oder Großvaters Jazzplatten zu hören und bis tief in die Nacht zu lachen. Nur der Hund fehlte. Marian wollte keinen, weil er das Haus auf den Kopf gestellt hätte.»

Umgekehrt galt Barack im Hause Robinson nicht von Anfang an als idealer Schwiegersohn. Marian sei zwar stolz auf Obamas Leistungen gewesen, schreibt David Mendell von der «Chicago Tribune» nach Gesprächen mit Familienmitgliedern, die er von 2004 an führte. Aber sie habe Komplikationen wegen Baracks «gemischtrassiger» Abstammung von einer weißen Mutter und einem schwarzen Vater befürchtet. Erstens unterscheide sich die Kultur solcher Elternhäuser vom Aufwachsen in einem rein afroamerikanischen Zuhause. Zweitens argwöhnte Marian, die Umgebung könne mit Vorurteilen auf die Verbindung zwischen einem halbschwarzen Mann und ihrer Tochter Michelle reagieren. Die Wunschvorstellung, Menschen sollten nicht über Rassengrenzen hinweg heiraten, gibt es nicht nur unter Weißen. Sie ist auch unter Schwarzen anzutreffen, in den USA und auf anderen Kontinenten. Baracks Vater, der aus Kenia stammte und Baracks Mutter beim Studium auf Hawaii kennenlernte, erfuhr die Missbilligung seiner Familie, als er von Hawaii aus nach Hause meldete, er beabsichtige, eine Weiße, Ann Dunham, zu heiraten. Sein Vater habe sich in einem Brief aus Kenia beschwert, er solle das Obama-Blut nicht durch eine Weiße verderben lassen. So hat es Barack Obama in seinem Buch «Dreams from My Father» berichtet.

Der Umstand, dass Barack sich für ein afroamerikanisches Mädchen aus Chicagos South Side entschieden habe, brachte ihm später aber viel Vertrauen unter Schwarzen ein. Er hatte früher mal eine weiße Freundin gehabt, sich dann aber für Michelle entschieden. Im Januar 2008 schrieb Kim McLarin in einem Blog für «The Root», eine Webseite für Afroamerikaner, gar, Barack habe durch seine Heirat das Selbstwertgefühl vieler schwarzer Frauen gestärkt. Es sei ein untypisches Bild in den USA, dass ein so erfolgreicher Politiker wie Barack eine Ehefrau mit dunklerer Hautfarbe als er selbst habe und offenkundigen Stolz auf sie zeige. Michelle sei auch kein braunes Fotomodell-Püppchen. Sie sehe ähnlich aus wie viele andere Afroamerikanerinnen. Das Bild, das die beiden im öffentlichen Umgang miteinander bieten, folge nicht dem Klischee, dass Michelle Glück gehabt habe, Barack zu ergattern. Ihr Auftreten demonstriere vielmehr, dass sie, die schwarze Ehefrau, das große Los für ihn sei.

Eine Hochzeit und vier Todesfälle

Im Verlobungsjahr 1991 starb Michelles Vater an den Komplikationen, die auf eine Nierenoperation folgten. Die Art, wie die Robinsons mit dem Verlust umgingen, bestärkte Barack in der Sicht, dass geordnete Familienverhältnisse ein Stabilitätsanker sein können. Er irrt, wie schon erwähnt, mit der Zeitangabe. Fraser starb nicht, «sechs Monate nachdem Michelle und ich uns kennengelernt hatten», wie er in seinem Buch «Audacity» angibt. Tatschlich waren rund zwei Jahre vergangen. Die Gefühle aber, die er beschreibt, sind nachvollziehbar. «In einem Menschen wie mir, der seinen eigenen Vater kaum gekannt hatte, der in seinem Leben von einem Ort zum nächsten gezogen war, dessen Blutsverwandte in alle vier Winde zerstreut waren, weckte das Zuhause, das Fraser und Marian Robinson für sich und ihre Kinder gebaut hatten, die Sehnsucht nach Stabilität und einem festen Ort.»

In die Zeit, in der sich die beiden verlobten und ein Jahr später die Hochzeit planten, fielen mehrere niederdrückende Erlebnisse im persönlichen Umfeld. Michelles Vater Robinson war nicht der einzige Todesfall in jener Zeit. Einige Monate zuvor, 1990, war Suzanne Allele, eine ihrer besten Freundinnen aus der Studienzeit in Princeton, an Krebs gestorben. Sie war gerade mal Mitte zwanzig. Michelle hat mehrfach gesagt, dieser Schock habe zum baldigen Berufswechsel, aber auch zur Eheschließung beigetragen. Sie spürte einen inneren Druck, ernsthafter darüber nachzudenken, was sie in ihrem weiteren Leben erreichen wolle. In Afrika erlag Billy, ein Vetter, den Barack bei einer Keniareise kennengelernt und lieb gewonnen hatte, der Aidserkrankung. Auf Hawaii starb 1992 Baracks weißer Großvater Stanley Dunham. Immerhin war es Barack vorher noch rechtzeitig gelungen, Michelle mit auf Reisen nach Hawaii und Kenia zu nehmen. Dort lernte Michelle auch Baracks Mutter Ann kennen, die 1995 einem Krebsleiden erlag. Weihnachten verbrachte Barack gern in Honolulu – eine Sitte, die die Obamas in den Jahren seines politischen Aufstiegs beibehielten. Das warme Wetter dort bedeutet eine angenehme Unterbrechung der kalten Winterwochen in Chicago. Baracks Halbschwester Maya Soetoro-Ng, das einzige Kind aus der zweiten Ehe seiner Mutter mit dem Indonesier Lolo Soetoro, erzählt, Michelle habe sich rasch angepasst an «unsere Weihnachtsrituale mit viel Faulenzen und Spaß», unzähligen Scrabble-Turnieren und dem Brunch, das dort aus Pfannkuchen, käseüberbackenen Eiern und frischem Orangensaft bestand.

Am 3. Oktober 1992 heirateten die beiden. Jeremiah Wright traute sie in der Trinity United Church of Christ. Der politisch weit links stehende Pastor, der eine Art Theologie der Befreiung für Afroamerikaner predigt, hatte Barack damals sehr beeindruckt und wurde nun zum Familienseelsorger. Er taufte auch die beiden Töchter der Obamas und segnete ihr neues Haus, das sie 2005 kauften. Später, in der Zeit der Präsidentschaftskandidatur, wurde die Nähe zu einem Pfarrer mit so revolutionären Ansichten zu einer Belastung; die Wege trennten sich im Streit.

Auf dem offiziellen Hochzeitsfoto trägt Michelle ein schulterfreies weißes Kleid, der Schleier bedeckt nur den Hinterkopf, ihr Haar liegt eng an und lässt die Ohren frei. Barack ist in einen Smoking mit weißer Fliege und einer weißen Blume im Knopfloch gekleidet. Mehrere kenianische Verwandte waren gekommen, wie Barack in «Dreams» erzählt. Sie trugen farbige Stammesgewänder.

Die Hochzeitsreise führte an die Pazifikstrände Kaliforniens. Ein paar Monate wohnte das junge Paar in Michelles Elternhaus, bei Marian. 1993 kauften Michelle und Barack eine 200-Quadratmeter-Wohnung in einem hübschen Apartmentkomplex rund 20 Straßenblocks weiter nördlich, nahe am Lake Michigan und in bequemer Entfernung zur Universität, wo Barack nun im Nebenberuf Verfassungsrecht lehrte. Die offizielle Adresse ist 5450 East View Park, App. 1. Die Anlage ist eingezäunt, strahlt Ruhe und Wohlstand aus. Die insgesamt 99 Wohnungen mit hohen Fenstern verteilen sich auf dreistöckige Reihenhäuser, die sich im Bogen um eine Grünlage aus Rasen, kleinen Hecken und alten Bäumen ziehen. Die Wohnung der Obamas liegt im Hochparterre linker Hand vom Hauseingang 5450 und erstreckt sich bis an die Rückseite des Gebäudes. Dort findet sich eine schattige, hölzerne Porch, die zugleich Baracks Raucherecke war. 2005 veräußerten die Obamas die Wohnung wieder; ihr Wert hatte sich in den zwölf Jahren auf rund 400 000 Dollar verdoppelt. Dank der Millioneneinkünfte aus Baracks Buchtantiemen konnten sie sich nun eine Villa einige Straßen weiter mitten im Univiertel leisten.

So viel materielles Glück war damals, kurz nach der Heirat, noch nicht absehbar. Die vier Todesfälle im Umfeld von Verlobung und Hochzeit hatten vielmehr bei Michelle, die eher als Barack zu ernsten Gedanken und auch zum Pessimismus neigt, den Sinn dafür verstärkt, wie leicht Erfolg und persönliches Wohlergehen eines Menschen verloren gehen können. Man müsse das Glück, das einem geschenkt werde, festhalten, folgerte sie. Und die Zeit, die einem gegeben sei, auf die Dinge verwenden, die einem wirklich liegen. «Ich wünschte mir eine Karriere, die von Leidenschaft und nicht nur vom Geld motiviert ist», sagte sie im Rückblick auf diese Einschnitte im Juni 2008 der «New York Times».

Die Geschichte der Dienerin

«Wann immer ich sie anschaute,
tanzte ein Schimmer über ihre runden,
dunklen Augen, ein klitzekleiner Hinweis
auf eine Unsicherheit, als wisse sie tief
in ihrem Innern, wie zerbrechlich die Dinge sind,
und als könnten alle ihre Pläne, wenn sie nur
einen Moment loslässt, zunichte werden.»

Barack über Michelle, in «The Audacity of Hope»

Den Anstoß zu möglichen Berufsalternativen gab ihr Barack. Schon während ihrer persönlichen Annäherung im Praktikumssommer 1989 hatte er sie mit zu einem Auftritt genommen, bei dem er seine Arbeit als Community Organizer aus den Jahren vor dem Jurastudium fortsetzte. Die Versammlung tagte im Kellerraum einer Kirchengemeinde, er warf das Jackett, das er tagsüber in der Kanzlei getragen hatte, über einen Stuhl und hielt eine flammende Rede über die Unterschiede zwischen «der Welt, wie sie ist, und der Welt, wie sie sein sollte». Michelle war beeindruckt von seiner politischen Energie, von seinem Idealismus und von seinem unübersehbaren Einfluss auf die Menschen, die ihn reden hörten. «Damals bekam ich das Gefühl, der Typ ist etwas Besonderes», sagte sie 2008 «Newsweek». «Er ist nicht nur nett und witzig und süß und so weiter. Sondern er hat auch etwas sehr Ernsthaftes an sich und eine Bereitschaft zu Einsatz und Verantwortung, die man selten sieht.» Es war ein Kontrast zu ihrer Vorstellung von Politik. Aus der Beobachtung der Erfahrungen ihres Vaters als Precinct Captain in ihren Kindertagen hielt sie Politik wie gesagt für ein schmutziges Geschäft – und in ihren Universitätsjahren für eine Ablenkung vom fleißigen Studieren.

Je enger ihre Beziehung zu Barack wurde und je mehr sie auf eine bleibende Verbindung hinsteuerten, desto intensiver werden die beiden über ihre jeweilige berufliche Zukunft gesprochen haben, also irgendwann auch über Politik. Da nähern wir uns abermals einem Abschnitt, über den sich die Obamas einerseits nicht klar äußern. Und über den andererseits einige widersprüchliche Erzählungen im Umlauf sind. Eindeutig ist: Der Drang zum Public Service, wie es in den USA so unnachahmlich heißt, kam von Barack, nicht von Michelle. Unter diesem «Dienst an der Gemeinschaft» versteht man in Amerika sowohl eine Anstellung bei der Regierung, den Einzelstaaten oder Kommunen bis hin zu den Streitkräften als auch ein politisches Wahlamt. Gemeint ist die Abgrenzung von der Privatwirtschaft (Corporate America), in der man in der Regel besser verdient.

Michelle war, als die beiden sich kennenlernten, eine «Corporate-America-Frau». Sie verdiente gutes Geld und hatte beste Aussichten, nach einigen weiteren Jahren in der Kanzlei «Partner», also Miteigentümerin zu werden und noch mehr zu verdienen. Erst unter dem Einfluss des «Public-Service-Anhängers» Barack änderte sich das. Sie machte, wie sie später eingestand, eine Bedenkenphase durch, ehe sie seinem Rat folgte und die Seiten wechselte. Vor allem plagte sie die Sorge, dass das Gehalt deutlich geringer ausfallen und womöglich nicht reichen werde, um die Studienschulden abzuzahlen. Barack habe sie jedoch beruhigt, wenn sie heiraten und zusammenlegen, würden sie schon ihr Auskommen finden. Vieles deutet darauf hin, dass die beiden ihre berufliche Zukunft bereits damals sehr bewusst aufeinander abstimmten.

Relativ schwer ist es jedoch, anhand der bekannten Informationen den exakten Zeitpunkt festzulegen, zu dem Barack nicht nur allgemein der Gesellschaft dienen wollte, sondern dezidiert eine Karriere als Berufspolitiker anstrebte. In den jüngeren Jahren haben mehrere Wegbegleiter ihre Meinung zum Besten gegeben, wann er für sich diese Entscheidung gefällt oder ihnen das ausdrücklich gesagt habe. Kollegen aus den Jahren als Community Organizer meinen, Barack habe sich damals, Mitte der 80er Jahre, vorgenommen, Bürgermeister von Chicago zu werden. Denn ihm habe Harold Washington als erster Afroamerikaner an der Spitze der Stadt imponiert. Sein Schwager Craig Robinson erzählt gern scherzhaft, Barack habe ihm bei einem ihrer ersten Treffen, also um 1989 oder 1990, gesagt, er wolle höhere politische Ämter anstreben, US-Senator «und eines Tages vielleicht sogar Präsident». Er habe ihm daraufhin geraten, das bloß nicht in der Familie Robinson zu erzählen, damit man ihn nicht für verrückt halte. John Belcaster dagegen, der nach Obamas Juraabschluss in Harvard für mehrere Jahre mit ihm in der Bürgerrechtskanzlei Davis, Miner, Barnhill & Galland arbeitete, sagt im persönlichen Gespräch, Barack habe seinerzeit nicht über politische Ambitionen gesprochen. Das habe sich erst 1995/ 96 geändert, also kurz bevor er sich um den Sitz als Landessenator im Regionalparlament von Illinois bewarb.

Michelle erfuhr jedenfalls noch vor ihrer Verlobung, dass Barack zwei Karrierewege ausschlug, die ihm als herausragendem Harvard-Absolventen offenstanden. Abner Mikva, damals Richter am Berufungsgerichtshof der Hauptstadt und zuvor Kongressabgeordneter, rief an und bot Barack einen Job als «Clerk» in seinem Büro an. Diese Tätigkeit als Zuarbeiter eines hohen Richters gilt in den USA als Sprungbrett für steile Karrieren. Barack lehnte jedoch ab, was Michelle überraschte, wie sie später sagte. Er habe ihr erklärt, wer die Verhältnisse verändern wolle, der gehe nicht ans Gericht. Sidley

Austin hätte ihn ebenfalls gern angestellt. Barack erschien auch zum Gespräch mit einem der Chefs in Michelles Kanzlei, Newton Minow. Doch es verlief anders als von Minow erwartet. Barack wollte nicht nur keine Anstellung für sich, sondern eröffnete dem verblüfften Förderer, dass auch Michelle kündige.

«Wenn ich in vier Monaten sterben müsste»

Im Jahr 2008 erklärte Michelle ihre Motive, warum sie 1991 von «Corporate America» in den «Public Service» wechselte, gegenüber «Newsweek» so: Unter dem Eindruck des Todes ihres Vaters und ihrer Studienfreundin Suzanne Allele habe sie sich gefragt: «Wenn ich in vier Monaten sterben müsste, wäre das (was ich jetzt tue) das Richtige, wofür ich die verbleibende Zeit nutzen möchte?» Ihr sei damals klar geworden, dass sie sich auf einem «automatischen Karrierepfad» wiederfand, für den sie sich nicht vollen Herzens entschieden hatte.

Seit geraumer Zeit hatte Michelle unter Baracks Einfluss Bewerbungen für eine Arbeit im Public Service verschickt. Einer dieser Briefe landete auf dem Schreibtisch von Valerie Jarrett, damals stellvertretende Stabschefin des Bürgermeisters von Chicago, Richard M. Daley. Heute ist sie eine der wichtigsten Beraterinnen des Präsidenten und der persönlichen Freunde der Obamas im Weißen Haus. Jarrett lud Michelle zu einem Bewerbungsgespräch ein, das sich zu einem anderthalbstündigen Gedankenaustausch entwickelte. Am Ende bot sie ihr eine Anstellung in der Stadtverwaltung an. «Sie wirkte so selbstbewusst, einsatzfreudig und offen», beschreibt Jarrett die Begegnung. Doch bevor Michelle zusagte, bestand sie darauf, dass auch ihr Verlobter mit Jarrett sprechen solle. Das war ein ungewöhnliches Ansinnen, und später wurden zwei unterschiedliche Gründe dafür angegeben. Das unschuldige Motiv lautete, Barack habe sichergehen wollen, dass Michelle in dem für sie ungewohnten politischen Terrain nicht zwischen zwei Fronten gerate. Michelle pflege eine offene Sprache; sie brauche jemanden, der sie vor unangenehmen Erfahrungen schützte. Doch daneben kursiert auch die Erklärung, Barack habe prüfen wollen, ob Michelles neue Tätigkeit seinen eigenen Ambitionen eher nützen oder schaden werde.

Wer sich heute anschaut, welche Kontakte Michelle und Barack 1991 und 1992 in Chicago einfädelten und wie sie seine weitere Karriere beeinflusst haben, der kann schon auf die Idee kommen, dass er entweder ein schlafwandlerisches Glück gehabt hat oder dass die beiden mit hoher strategischer Präzision vorgingen. Wie die Stücke eines Puzzles griffen die verschiedenen Elemente ineinander und formten sich zu einem Fundament, auf dem die Obamas schließlich eine erfolgreiche politische Karriere aufbauten. Michelle war ein entscheidendes Bindeglied dabei. Umgekehrt half er ihr mehrfach bei ihrer Karriere. Im Ergebnis entstand aus der Verknüpfung der vielfältigen Kontakte Baracks mit Michelles Verbindungen in Chicago eine breite Koalition: weiße Oberschicht, schwarze Geschäftsleute, Intellektuelle an der Universität, Lokalpolitiker und die zahlreiche afroamerikanische Wählerschaft der South Side.

Die Familie Robinson war gut vernetzt unter Afroamerikanern in der South Side. Michelle öffnete Barack die Türen bei Bürgerrechtlern wie Jesse Jackson, mit dessen Tochter Santita sie die Schule besucht hatte. Auch Craigs Basketballbekanntschaften halfen. Dazu gehörte Martin Nesbitt, Rufname «Marty», der später eine Firma leitete, die Parkplätze in der Stadt und am Flughafen betreute; er war auch zeitweilig Chef der Wohnungsverwaltung. Seine Frau Anita Blanchard war die Hebamme, die beide Obama-Töchter zur Welt

brachte; sie wurde eine gute Freundin Michelles. Craig hatte
ebenso mit John W. Rogers gespielt, der die erste afroamerikanische Vermögensverwaltung in Chicago gründete. Erfolgreiche schwarze Geschäftsleute aus der Stadt, würde Barack
Obama später schreiben, hätten ihm zu einem beträchtlichen
Teil die ersten Wahlkämpfe finanziert und ihm sogar mit
einem Privatflugzeug ausgeholfen. Ihre Zahl wuchs in jenen
Jahren stetig.

Ein Powerpaar

Valerie Jarrett öffnete die Türen zu einem wieder anderen
Teil der städtischen Prominenz. Sie wurde 1956 in Shiraz im
Iran geboren, wo ihr Vater James Bowman ein Kinderkran-
kenhaus leitete. Vom fünften bis siebten Lebensjahr wuchs sie
in London auf, danach in Chicago im Universitätsviertel
Hyde Park und besuchte dort eine der besten Privatschulen
des Landes, die an die Uni angegliederten Laboratory Schools.
Auch die beiden Obama-Töchter wurden dort später aufgenommen. Jarretts Vater erhielt als erster Afroamerikaner einen
Lehrstuhl an der Universität von Chicago. Ihre Mutter Bar-
bara Bowman, ebenfalls Afroamerikanerin, ist eine herausragende Pädagogin und Kinderpsychologin.

Michelles Arbeit für Jarrett und den Bürgermeister Richard
M. Daley hatte einerseits Vorteile für Obama, weil er sich mit
den handelnden Kommunalpolitikern bekannt machte. Aber
sie barg auch ein politisches Risiko. Richard M. Daley war
der Sohn des fast gleichnamigen legendären irisch-katholi-
schen Bürgermeisters Richard J. Daley, für dessen «political
machine» Michelles Vater als Precinct Captain gearbeitet hatte.
Dieses Abhängigkeitssystem gab es so nicht mehr. Generell

hatte sich der politische Stil geändert und modernisiert. Aber auch Daley Junior, der 1989 erstmals gewählt wurde und 2009 noch im Amt war, stand im Ruf, Klientelinteressen zu verfolgen. Er hatte sich damals noch nicht aus dem Schatten seines Vaters gelöst. Unter den parteipolitisch unabhängigen Geistern im Univiertel Hyde Park und unter Afroamerikanern konnte eine zu enge Verbindung mit Daley Misstrauen erwecken. Michelle arbeitete in der Abteilung für Stadtplanung. Inhaltlich bestand ihre Aufgabe darin, Geschäftsleuten durch das bürokratische Dickicht der Verwaltung zu helfen. Da konnte sie ihren Pragmatismus gut einsetzen.

Michelle und Barack waren in diesen Jahren stark auf den Ernst des Lebens und ihr Fortkommen im Beruf konzentriert. So hat es Cindy Moelis in Erinnerung, eine Arbeitskollegin Michelles aus den Rathausjahren, die zur persönlichen Freundin wurde.

Nach rund zwei Jahren wechselte Michelle abermals den Job. Und wieder war es Barack, der im Hintergrund die Fäden zog. Wie einst John F. Kennedy hatte auch der neu gewählte demokratische Präsident Bill Clinton die jungen Bürger zu einer neuen Ära des ehrenamtlichen Dienstes an der Gesellschaft aufgerufen. Daraus wurde das AmeriCorps-Programm. Ein geistiger Ableger in Chicago war die Initiative «Public Allies». Ihr Ziel war es, eine neue Generation gesellschaftlicher Führer heranzuziehen. Das Konzept lautete, Jugendliche aus den unterschiedlichsten Gruppen in bezahlte mehrmonatige Praktika bei Non-Profit-Organisationen zu vermitteln, die selbst keinen Gewinn anstreben. Die Kosten sollten durch Spenden abgedeckt werden. Barack Obama gehörte zum Gründungskomitee. Als das Gremium eine Chefin suchte, die den Alltagsbetrieb leiten sollte, schlug er 1993 Michelle vor. Zugleich zog er sich aber aus dem Beirat zurück, um den Vorwurf von Interessenkonflikten zu vermeiden. «Public Allies» residiert an einer repräsentativen Adresse im Zentrum: 200

North Michigan Avenue, im fünften Stock. Die Räumlichkeiten sind eher bescheiden. Wenige sehr kleine Büros zur etwas schäbigen Rückseite hinaus und ein größerer Raum für Gruppensitzungen. Im Eingangsbereich hängen Fotos der Young-Leader-Gruppen aus verschiedenen Jahren. Eines der ersten zeigt Michelle hinter den in vier Reihen posierenden rund 40 Jugendlichen.

Zwei Jahre später, im April 1995, porträtierte die «Chicago Tribune» Michelle als typische Vertreterin der «Generation X»: etwa 30 Jahre alt, mit geringerer Loyalität zu Arbeitgebern als ihre Vorgänger, bereit zu häufigen Jobwechseln und sogar zu Gehaltseinbußen, wenn eine andere Tätigkeit stärker ihren Idealen entspricht. Michelle wird mit dem Satz zitiert: «Ich trage Jeans und bin die Chefin.» Sie hatte dort eine ziemlich bunte und alternative Managementaufgabe zu bewältigen: Spenden eintreiben, bei Reibereien zwischen Latinos, Asiaten und Afroamerikanern vermitteln, zwischendurch Bettelbriefe adressieren und zulecken und immer wieder die Idee von «Public Allies» an den unterschiedlichsten Orten vertreten, von Colleges bis zu verwahrlosten Sozialwohnungsblocks. Nach Recherchen des «Time»-Magazins im Sommer 2008 erzielte Michelle mit ihrem Fundraising in ihren gut drei Jahren bei «Public Allies» Spendenrekorde, die ihre Nachfolger zwölf Jahre später noch nicht überboten hatten. «Sie war jemand, der Menschen zusammenbrachte», sagt Craig Huffmann, eine der Praktikantinnen aus der South Side über Michelles Arbeitsstil. Und über die Kooperation mit Barack: «Zusammen sind sie ein Powerpaar». Weitere Zeitzeugen beschreiben eine ziemlich entschiedene Michelle, die anderen sagt, wo es langgeht. José Rico, ein junger, illegal eingewanderter Mexikaner, erzählt, Michelle habe ihn eines Tages angesprochen und ihn nach seinen Lebenszielen gefragt. «Eine High School für mexikanische Kinder gründen», habe er geantwortet. Und dann wollte sie, Schritt für Schritt, wissen, wie er das anstellen würde. «Sie hakte nach, sie hat nicht so leicht aufgegeben.» Rico hat tatsächlich später geholfen, eine spezielle High School zu gründen: die Multicultural Arts High School. Er wurde sogar ihr Direktor.

Weiße Jugendliche mussten bei «Public Allies» mit schwarzen Gangmitgliedern kooperieren. Jeden Freitag gab es einen sogenannten «Diversity Workshop», um die Integration zu fördern. Michelle bekannte 2008, die Arbeit für «Public Allies» war «das erste Mal in meinem Berufsleben, dass ich mir sagte: Hier mache ich genau das, was mir wichtig ist.» Zu diesem Wohlbefinden trug wohl auch bei, dass sie endlich ihre eigene Chefin war und sich keinen direkten Vorgesetzten mehr unterordnen musste.

Und doch zog Michelle nach wenigen Jahren abermals weiter. Parallel zu Baracks Wahl in den Landtag wechselte sie im September 1996 zur Universität Chicago in die Abteilung für «Student Services», was entfernt dem Studentenwerk einer deutschen Hochschule entspricht. Dort sollte sie einen neuen Bereich für «Community Services» aufbauen, kündigte «The University of Chicago Chronicle» im Juni 1996 an. Der Bericht des Uniblättchens hob ganz auf die soziale Ader einer Vielzahl von Studenten ab und unterstrich, dass Michelle Erfahrung mit freiwilligen Hilfsdiensten gesammelt habe und in der nahen Umgebung aufgewachsen sei. Die wahre Absicht muss man zwischen den Zeilen lesen. Die Universität wollte mehr Studenten zu freiwilliger Arbeit in der Nachbarschaft motivieren, um die sozialen Spannungen zwischen der Universität mit ihren vergleichsweise wohlhabenden Angestellten und den weit ärmeren Bewohnern in manchen angrenzenden Stadtbezirken abzubauen.

Doch da wir Michelle und Barack nun als zielstrebige und strategisch planende Menschen kennengelernt haben, darf man vielleicht die Vermutung äußern, dass es da noch andere Wünsche in Michelles Leben gab, die ihr ebenso wichtig

waren wie das Management ehrenamtlicher Hilfe. Die materielle Absicherung des Paares ließ nach, als Barack 1996 ein
politisches Wahlamt als regionaler Senator übernahm, in dem
er sich alle vier Jahre den Wählern stellen musste. Also wurde
für Michelle, die immer mal wieder ihre Angst vor ruinösen
Schicksalsschlägen bekannte, ein sicherer Job immer wichtiger, der ein verlässliches Einkommen und dazu weitere Aufstiegschancen bot. Weniger als zwei Jahre später würde sie ihre
erste Tochter zur Welt bringen. Bei «Public Allies» ging es
nicht weiter nach oben. Die Arbeit dort wäre mit Baby
schwierig geworden. Die Uni bot mehr Absicherung und,
wie sich erweisen sollte, beträchtliche Möglichkeiten, ihr Gehalt zu steigern.

Zwischen Everywoman
und Topkarriere

«Ich glaube, die berufstätigen Frauen meiner
Generation wachen langsam auf und begreifen,
dass wir vielleicht doch nicht alles haben
können, jedenfalls nicht alles auf einmal.»

Michelle Obama in «Essence», September 2007

Mit ihrem Wechsel in die Dienste der Universität von Chicago im Herbst 1996 beginnt ein ungewöhnlicher Lebensabschnitt. Aus der jungen Frau, die alle zwei, drei Jahre die
Anstellungen wechselt, wird eine leitende Managerin und
«der Boss» einer Familie.

Die Managerin

Innerhalb weniger Jahre bekommt sie zwei Kinder, macht
eine steile Karriere, wird zur Großverdienerin und hält ihrem
Mann den Rücken für seinen politischen Aufstieg frei. Das alles geht wohl nur mit sehr viel Energie, Selbstbewusstsein, in-
nerer Kraft und Organisationstalent. Es war allerdings auch
mit Konflikten verbunden, die ihre Ehe an den Rand des
Scheiterns brachten. Im Kern ging es dabei um die richtige
Mischung aus Geldverdienen, Baracks politischem Ehrgeiz
und freier Zeit für die Kinderbetreuung.

Die meiste Zeit ihrer Ehe hat Michelle besser verdient als ihr Mann. Das änderte sich erst, als sein lukrativer Buchvertrag die Obamas 2005 zu Millionären machte. Allein 2008 trugen die weltweiten Verkäufe seiner beiden Bücher dem Paar 2,48 Millionen Dollar ein. 2007 haben sie zusammen sogar 4,2 Millionen Dollar Jahreseinkommen versteuert. Der Reichtum kam überraschend – seit 2005, um genau zu sein. Dank der Buchtantiemen und eines beträchtlichen Vorschusses versteuerten die Obamas 2005 1,655 Millionen Dollar und 2006 983 862 Dollar. Sie waren also vermögende Leute, als sie im Februar 2007 offiziell den Präsidentschaftswahlkampf begannen.

Zuvor hatte Michelle in dem Gefühl gelebt, dass das Geld nie reichte. Von außen betrachtet und mit Blick auf ihre Gehälter war das schon damals ein erklärungsbedürftiger Befund. Denn ihr Einkommen lag stets weit über dem Durchschnitt der Gesellschaft. Lässt man die späten Einkünfte durch Baracks Bücher beiseite, hat Michelle mit ihrer Berufstätigkeit mehr Geld in die Familienkasse gebracht als er durch seine politische Arbeit plus Nebenjobs. 2005 zum Beispiel verdiente sie 317 000 Dollar, ein stattliches Gehalt. Sie war inzwischen Vizepräsidentin der Abteilung für Außenbeziehungen der Universitätsklinik, die Summe enthielt einen Bonus für diese Beförderung. Er war 2005 US-Senator und bekam dafür rund 157 000 Dollar im Jahr. 2006 standen (ohne Bonus) 273 618 Dollar auf ihrem Gehaltszettel. Schon bevor sie in die Millionärsklasse aufstiegen, gehörten sie seit Jahren zu den Besserverdienenden in den USA. Spätestens seit 2000 hatten sie zusammen deutlich über 200 000 Dollar pro Jahr versteuert, vermutlich galt das auch schon einige Jahre zuvor. Zum Vergleich: Das Durchschnittsgehalt von Männern lag 2007 bei 45 000, das von Frauen bei 35 000 Dollar im Jahr.

Michelle befand sich also finanziell in einer außergewöhnlich privilegierten Lage. Das kontrastiert zu ihrer Selbst-

beschreibung während der Kampagne. Sie war inzwischen
Millionärin, stellte sich aber den Wählern als ganz normale
Bürgerin vor, die sich und ihre Familie irgendwo zwischen
Arbeitermilieu und einfacher Mittelklasse einordnet. Im Februar 2008 beschrieb Michelle (im Interview mit «US News»)
ihren Alltag so, als gehe sie noch immer in Billigkaufhäuser:
«Wenn ich nicht gerade im Wahlkampfeinsatz bin, kaufe ich
Toilettenpapier bei Target oder stehe am Rand von Fußball-
feldern. Und ich denke, das gehört zur Bodenhaftung, die
leicht verloren geht, wenn man für das höchste Amt kandidiert.» Zu den Sportveranstaltungen der Töchter ging sie tatsächlich weiterhin. In der Beziehung blieb sie die typisch
amerikanische «Soccer Mom». Aber ihre Aussagen im Frühjahr 2008 über die «ganz normalen» oder «durchschnittlichen»
Lebensverhältnisse im Hause Obama klingen im Rückblick
nicht ganz wahrheitsgetreu. Mitte April 2008 hatte sie die
Steuererklärung unterschrieben, die ein Jahreseinkommen der
beiden von 4,2 Millionen Dollar für 2007 auswies. Dennoch
sagte sie wenige Tage später bei Wahlkampfauftritten in Indianapolis und anderswo: «Unser Leben ist so nah am Alltag der
meisten Amerikaner.» Und: «Wir sind ein junges Ehepaar mit
kleinen Kindern und all den Problemen, Emotionen und
Stresssituationen, die zur Kindererziehung gehören, zum Beispiel wie man Berufstätigkeit und Mutterschaft vereinbart.»

Die genannten Zahlen aus den Jahren 2000 bis 2008 kennt
man aus zwei Gründen. Erstens haben die Obamas im Präsidentschaftswahlkampf die Eckdaten ihrer Steuererklärungen
bis zurück zum Jahr 2000 offengelegt. Damit wollten sie das
Versprechen der Transparenz erfüllen. Aus diesen Daten geht
zwar nicht im Detail hervor, wer von den beiden wie viel
Geld aus welchen Quellen beitrug, also wie viel Michelle
exakt verdiente, wie viel Baracks Arbeit als «State Senator» im
Regionalparlament des Bundesstaates Illinois (in den Jahren
1996 bis 2004) genau einbrachte und wie hoch die übrigen

Einkünfte waren, zum Beispiel aus seinem Lehrauftrag an der Universität. Aus den vermeldeten Jahressummen kann man jedoch die Entwicklung ihrer Vermögensverhältnisse ablesen. Zweitens kann man Angaben zu Michelles exakter Entlohnung für einzelne Jahre finden. Mit Baracks Aufstieg zum national beachteten Politstar wuchs der öffentliche Druck, die Beförderungen und die markanten Gehaltserhöhungen zu erklären, die Michelle in jener Zeit erhalten hatte. Deshalb veröffentlichte die Universitätsleitung die konkreten Gehaltssummen Michelles für die Jahre 2005 und 2006. Die Vorgesetzten begründeten die gestiegene Entlohnung mit Michelles Leistungen und der Ausweitung ihres Verantwortungsbereichs. Dazu später.

Barack war 2004 in den nationalen Senat in Washington gewählt worden. Davor, von 1996 bis 2004, war er zwar ebenfalls Senator, aber nicht Bundessenator in Washington, sondern ein State Senator im Bundesstaat Illinois. Diese regionale Volksvertretung ist ein Teilzeitparlament. Ein Landessenator bekam für diese Tätigkeit um die 60 000 Dollar im Jahr. Mit Zusatzvergütungen, zum Beispiel für den Vorsitz in einem Ausschuss – nach der Wahl im November 2002 stellten die Demokraten im Senat von Illinois die Mehrheit –, mochte dieser Betrag um ein paar weitere tausend Dollar steigen. Michelle verdiente 2004, Obamas letztem Jahr im Regionalsenat, 122 000 Dollar. Gemeinsam versteuerten sie 2004 207 647 Dollar. Doch auch schon vier Jahre zuvor, 2000, hatten die beiden in ihrer Steuererklärung 213 000 Dollar als gemeinsame Einkünfte aus laufenden Gehältern angegeben (plus weitere 16 500 aus Nebenverdiensten). Da liegt der Schluss auf der Hand, dass Michelle auch schon im Jahr 2000 ziemlich gut bezahlt wurde. Sie arbeitete damals noch für das Studentenwerk der Universität. In die Abteilung Außenbeziehungen der Uniklinik, wo sie zur ganz großen Verdienerin wurde, wechselte sie 2002.

Als Barack sich 1996 erfolgreich um einen Sitz im Landtag bewarb und Michelle parallel dazu von «Public Allies» in das Studentenwerk wechselte, waren ihre Finanzverhältnisse noch etwas bescheidener. Wirklich arm dran waren sie auch damals nicht. Soweit man weiß, betrug Michelles Anfangsgehalt 1988 bei der Kanzlei Sidley Austin 65 000 Dollar, beim Einstieg bei «Public Allies» 1993 wurden angeblich 60 000 vereinbart. Man muss diese Summen wohl aus verschiedenen Perspektiven einordnen. Einerseits bewegen sich die Beträge nahe dem Doppelten des damaligen Durchschnittsgehalts von Frauen. Andererseits hatte Michelle eine kostspielige Spitzenausbildung erhalten. Die Studienkredite musste sie nun zurückzahlen, dasselbe galt für Barack. Exkommilitonen in vergleichbarer Lage verdienten deutlich mehr. In den sieben, acht Jahren nach dem Berufseinstieg waren deren Gehälter gestiegen. Auch Michelle verfügte über vielfältige Erfahrungen im Arbeitsleben, als sie 1996 zum Studentenwerk ging. Aber ihre Entlohnung stagnierte oder war sogar leicht gesunken. Ihr Wechsel von «Corporate America» in den «Public Service» hat die Obamas sicher nicht in Existenznöte gebracht. Subjektiv hatte Michelle jedoch das Gefühl, dass das Geld, das ihr im Alltag zur Verfügung stand, mit den Jobwechseln nicht mehr wurde. Sie musste vielmehr zurückstecken. Gewiss, sie lebten in einer 200-Quadratmeter-Wohnung in schöner Lage, und bald würden Putz- und Kinderhilfen dazukommen. Aber auch dafür mussten sie die Kosten tragen, zusätzlich zur Hypothek für das Wohneigentum. Es war eher ungewöhnlich, dass eine vielversprechende Frau mit ihrer Tatkraft und Begabung mehrere Jobwechsel akzeptierte, die nach ihren eigenen Worten jeweils mit Gehaltseinbußen einhergingen. Die Bereitschaft dazu war im Jahr 1996 aufgebraucht. In den folgenden acht, neun Jahren würde sich ihr Verdienst vervierfachen – oder sogar versechsfachen, wenn man den Beförderungsbonus an der Uniklinik 2005 und die Vergütung für ihre Tätigkeit in

Aufsichtsräten von Unternehmen hinzuzählt. 2005 begann Michelle zum Beispiel eine solche Gremienarbeit für Tree-House Foods, einen Konzern, der die Billigkaufhauskette WalMart beliefert – und erhielt dafür rund 50 000 Dollar im Jahr, ausweislich ihrer Steuererklärung 2006.

«Der Typ wird niemals richtig Geld machen»

Doch noch sind wir nicht so weit. 1996, als Michelle von «Public Allies» zum Studentenwerk wechselte, gehörte das liebe Geld zu den Konfliktthemen in der Ehe. Zwei weitere sollten bald folgen: die Aufteilung in der Kinderbetreuung und sein Egoismus bei der Verfolgung seiner politischen Karriere. Um Geld hatte sich Barack bis dahin wenig geschert. Er hatte keine großen Ansprüche. Er fuhr relativ kleine und klapprige Autos. Er legte keinen Wert auf teure Kleidung. In New York hatte er eine Stellung im Finanzbezirk von Manhattan mit gutem Gehalt aufgegeben, um Sozialarbeiter zu werden. Nach dem Studium in Harvard entschied er sich erneut gegen Jobs mit hohen Verdienstmöglichkeiten und zog die schlechter bezahlte Arbeit bei «Project Vote» und dann in der Bürgerrechtskanzlei Davis, Miner, Barnhill & Galland vor. Eine Hilfe war da sein einträglicher Lehrauftrag an der Universität. «Sein Auto hatte Rostlöcher», erzählte Michelle der «Washington Post» im Oktober 2008 über die erste gemeinsame Zeit. «Ich dachte mir, der wird niemals Interesse zeigen, richtig Geld zu machen. Ich werde ihn wohl allein wegen seiner Wertvorstellungen lieben müssen.»

Als er in die Politik ging, setzte sich sein laxer Umgang mit den persönlichen Finanzen fort, sehr zum Ärger Michelles. Sie wollte die Schulden für das Studium und die Eigentumswohnung möglichst schnell abzahlen, und sie wollte auch die Annehmlichkeiten des Lebens genießen, samt den Serviceangeboten der Dienstleistungsgesellschaft, die den Alltag einer berufstätigen Frau ungemein erleichtern, ganz zu schweigen von Besuchen beim Friseur und der Kosmetikerin. Er aber vergaß immer wieder, erstattungsfähige Auslagen beim Senat einzureichen, wie sein damaliger Büroleiter Dan Shomon berichtet hat. Auch im Wahlkampf streckte er wiederholt Geld aus der privaten Tasche vor, das nicht immer verlässlich aus Spenden und Kostenerstattungen auf das private Konto zurückfloss.

Im Jahr 2000, als er sich erfolglos um einen Sitz im Abgeordnetenhaus in Washington bewarb, hatte er seine Kreditkarte so weit überzogen, dass man ihm am Flughafen Los Angeles einen Mietwagen verweigerte. Michelle sei außer sich gewesen, dass er so mit den Familienfinanzen umgehe, hat Barack später eingestanden.

Wenn man so will, galt also auch für diesen Lebensbereich: Michelle war die resolute Pragmatikerin, Barack der Träumer. Bei seinen weißen Großeltern auf Hawaii war es ähnlich gewesen. Großmutter Toot konnte mit Geld umgehen, Großvater Gramps weniger. Diese Großmutter verriet dem Reporter David Mendell von der «Chicago Tribune» im Senatswahlkampf 2004: «Michelle wäre glücklicher, wenn ich auch bei Barack etwas mehr Wert auf diese Disziplin gelegt hätte.»

Worin Michelles Arbeit in den Jahren 1996 bis 2002 genau bestand, ist in den USA kaum bekannt. In den Mediengeschichten über die Kandidatenfrau wird dieser Lebensabschnitt meist übersprungen. Eine Fundgrube dazu ist die Stadtteilzeitung des Universitätsviertels, der «Hyde Park Herald». Die Arbeit für das neue Freiwilligenprogramm der Universität hatte Ähnlichkeiten mit ihrer vorherigen Tätigkeit für «Public Allies»: Michelle sollte ehrenamtliche Arbeit junger Menschen für die Gemeinschaft organisieren. Nur war die

Zielgruppe eine andere. Die Absicht bei «Public Allies» war, junge Menschen unterschiedlicher Herkunft und Kultur zusammenzubringen und durch ihr Praktikum bei gemeinnützigen Organisationen zu «Leaders», Führungsfiguren, mit sozialem Verantwortungsgefühl zu formen. Die neue Aufgabe an der Uni lautete wie gesagt, Studenten dazu zu bewegen, Hilfsdienste in den Vierteln rundum zu leisten, um die latenten Spannungen zwischen der reichen Hochschule und der ärmeren Umgebung abzubauen. Daneben sollten Neuankömmlinge ein Gefühl für kriminelle Bedrohungen in der erweiterten Nachbarschaft bekommen.

Die Idee war 1995 geboren worden. Die persönliche Sicherheit im Universitätsviertel war nicht zuverlässig gewährleistet. Die Zahl der Studenten wuchs, viele kamen von auswärts und waren nicht vertraut mit der Abgrenzung zwischen den Straßen, in denen man sich gefahrlos bewegen konnte, und anderen, in denen Vorsicht geboten war. Es hatte Vergewaltigungen gegeben. Auch das Aidsrisiko stieg in jenen Jahren. So wurde zunächst das Beratungsangebot für Neustudenten modernisiert, und zwar unter der Leitung eines neuen Vizepräsidenten der Universität und Dekans für Immatrikulationsfragen namens Michael Behnke; er kam vom renommierten Massachusetts Institute of Technology (MIT) in Boston. Parallel entstand ein studienbegleitendes Programm für soziale Dienste unter der «Direktorin» Michelle Obama, die zugleich den Titel Vizedekan für studentische Dienste trug. Sie solle «das Band zwischen der Universität und dem Stadtbezirk Hyde Park stärken», ist im «Hyde Park Herald» zu lesen. Die Studenten würden vier Jahre ihres Lebens hier verbringen. Also sollten sie das Viertel erstens kennenlernen und zweitens dabei helfen, die Zustände zu verbessern.

Schon zuvor habe es nicht am guten Willen der Studenten gelegen, sondern an fehlender Organisation, schreibt die Stadtteilzeitung am 8. Januar 1997 und zitiert die neue Di-

rektorin: «In den Collegejahren will doch jeder die Welt retten. Aber manchmal braucht man ein bisschen Hilfe, um zu
wissen, wo man damit anfangen soll.» Die früheren Freiwilligenprogramme der Universität hatten Studenten geleitet.
Wenn energische Personen das Ruder übernahmen, lief es
gut. Wenn sie wieder gingen, ließ der Elan nach. Ein perma-
nentes, nachhaltiges Programm war so nicht zustande gekommen. Michelle sagte nun, sie sehe sich als Koordinatorin, die
die Freiwilligen und die Bedürftigen auf effektive Weise zu-
sammenbringe.

Sie wies auf ein weiteres Versäumnis der Vergangenheit
hin. «Studenten unterschätzen manchmal, dass man in der
kommunalen Gemeinschaft verankert sein muss, um etwas zu
erreichen.» Sie kam aus der South Side, und sie war eine
Schwarze. Das erleichterte ihr den Umgang mit den Afroamerikanern in der Umgebung der Uni ungemein. Ein Weißer aus besseren Verhältnissen konnte rasch den Vorwurf auf
sich ziehen, ein arroganter Besserwisser zu sein. Sie sprach die
Sprache der Zielgruppe. Michelle schloss das Interview mit
einer für sie typischen sarkastischen Bemerkung: «Wenn es
um die Rettung der Welt geht, liegen Worte und Taten besonders weit auseinander.»

Im Jahr 1997 beteiligte sich Michelle auch an der Gründung einer Obdachlosenzeitung namens «Journal of Ordinary
Thought». Den Anstoß dazu hatte Herausgeber Al Adams aus
Seattle mitgebracht. Michelle unterstützte das Projekt, weil
«diese Menschen in den größeren politischen Entscheidungen
so oft übersehen werden». Viel zu selten würden «die Betroffenen selbst gefragt: Was ist der Kern des Problems? Was funk-
tioniert in der Praxis?», sagte sie dem Lokalblatt.

Im Sommer 1998 konnte man folgenden Bericht lesen:
Die Universität bitte alle Neustudenten, am ersten Samstag
des Semesters, dem 26. September, im «Community Service
Resource Center» zu erscheinen und sich zu mindestens zwei

149

Stunden gemeinnützigem Dienst zu verpflichten. Diese von Michelle geleitete Einrichtung war im Keller des «Reynold's Club» im Gebäude 5706 South University Avenue untergebracht. Ziel der Aktion war es, Löcher für die Anpflanzung von Straßenbäumen an der 47. Straße auszuheben, den Teich im Straßenblock Wooded Isle zu reinigen, die Straßenlaternen an der 53. Straße zu putzen, in einem Heim für obdachlose Frauen auszuhelfen, die Häuser ärmerer Nachbarn neu zu streichen und so fort. Zum Auftakt redete Michelle über die Bedeutung sozialer Verantwortung im Studium. Eine Teilnehmerin vom Jahr zuvor berichtete über ihre Erfahrung. Die kommunale Abgeordnete Toni Preckwinkle forderte die Studenten auf, auch ihrer politischen Verantwortung als Wähler nachzukommen. Die Polizei sandte ebenfalls einen Vertreter zu dem Treffen, er sprach über Sicherheitsvorkehrungen. Man wolle die Studenten zwar nicht davon abschrecken, die Nachbarschaft der Universität auf eigene Faust zu erkunden, hieß es zur Begründung. Aber angesichts der sozialen Zusammensetzung des Viertels sei es geraten, «den gesunden Menschenverstand» zu gebrauchen.

Das von Michelle betreute Programm wuchs immer weiter. Dank ihrer Tatkraft, praktischen Vernunft und persönlichen Vernetzung unter der Bevölkerung in der Universitätsumgebung erwies sie sich als ideale Besetzung. Diese Erfahrung sollte ihr bald den Weg in die Leitungsebene einer anderen Universitätseinrichtung ebnen – des Klinikums. Doch zuvor veränderten viel aufregendere Ereignisse Michelles Alltag: Sie wurde Mutter.

Mutterschaft

«Die Tage, an denen ich mit den Kindern daheim
bleibe, ohne aus dem Haus zu kommen, machen mich
krank … Darüber müssen wir offen sprechen, denn
ich glaube, dass alle Paare mit diesem Problem zu
kämpfen haben.»

Michelle zur «Vogue» vom September 2007

Soweit man den bunten Blättern glauben darf, ließ die er-
sehnte Schwangerschaft ein wenig auf sich warten. Michelle
war 33 Jahre alt, als das ehrgeizige Paar entschied, nun sei es
Zeit für Nachwuchs. Sie wurde unruhig, als es nicht gleich
klappte. Doch ab Herbst 1997 bestand kein Zweifel mehr, dass
sie ein Kind erwartete. Am 4. Juli 1998 kam Malia auf die
Welt. Später würde sie ihren Vater an ihrem Geburtstag selten
für sich allein haben. Der 4. Juli ist zugleich der Unabhängig-
keitstag, und es gehört zur Politikerpflicht, in den Paraden
mitzumarschieren.

Zunächst genossen die Obamas einige Wochen heile Familie, wie Michelle es von ihrem Zuhause kannte und wie sie es
sich auch für ihre Ehe gewünscht hatte. Der Geburtstermin
war nahezu ideal, erzählt Barack in «Audacity of Hope». Der
Landtag und die Universität, wo er während des Semesters
weiter Verfassungsrecht lehrte, hielten gerade Sommerpause.
Michelle hatte ihre Arbeit auf Teilzeit reduziert. Drei unver-
gessliche Monate erlebten sie das Elternglück gemeinsam.
Ihre unterschiedlichen Tagesrhythmen kamen nun gerade
recht. Michelle ist eine Frühaufsteherin, ihr Tag beginnt um

4.30 Uhr mit Morgensport. Barack war dagegen eine Nachteule und ein Morgenmuffel. In den ersten Jahren der Ehe hatte das die Harmonie bisweilen beeinträchtigt. Barack zog sich abends in sein «Loch» zurück, um an seinem Buch zu arbeiten. Das sogenannte «Loch» war ein kleiner Raum neben der Küche, in dem sein Schreibtisch stand. Michelle fühlte sich dann einsam. Wenn sie morgens aufstand, war er noch nicht recht ansprechbar.

Doch nun, nachdem das Baby da war, hatte jeder seine Schicht. Barack war spätabends und nachts dran mit dem Windelnwechseln, Michelle am frühen Morgen. Mit dem Herbst kehrte die volle Berufsbelastung zurück. Barack verbrachte nun wieder viele Tage in Springfield, dem Sitz des Landtags von Illinois etwa 320 Kilometer südwestlich von Chicago. Wenn er von dort zurück war, hatte er Lehrveranstaltungen an der Uni und politische Treffen. Ein Kindermädchen wurde angestellt, das Malia betreute, während beide Eltern ihrer Arbeit nachgingen. Auch diese Kosten belasteten das Portemonnaie.

Die Ehekrise

Baracks Rückblick auf die Geburts- und Babyjahre seiner beiden Töchter hat etwas Rührend-Komisches an sich. Viele Frauen können darin wohl ihre eigenen Erfahrungen wie in einem Spiegel wiederfinden. Zwischen den Zeilen schwingt Michelles wachsender Ärger über den viel zu oft abwesenden Ehemann mit. Er selbst sah sich dagegen als aufgeklärten Anhänger einer Ehe gleichberechtigter Partner mit je eigenen Berufskarrieren – und er hielt sich zugute, dass er ihr alle Freiheiten ließ. 2000 bewarb sich Barack wie erwähnt erfolglos um einen Sitz im Abgeordnetenhaus in Washington. Das verschärfte die Spannungen weiter. «Wir waren müde und gestresst und fanden nur noch wenig Zeit zum Gespräch, von Liebe ganz zu schweigen. Als ich meinen Kongresswahlkampf begann, der unter einem schlechten Stern stand, gab sich Michelle nicht einmal mehr Mühe, ihr Einverständnis mit meiner Entscheidung zu heucheln. Meine Unfähigkeit, die Küche aufzuräumen, wirkte nicht mehr liebenswert. Wenn ich mich morgens zu ihr beugte für einen Abschiedskuss, bekam ich nur ein flüchtiges Küsschen auf die Wange.» Als am 7. Juni 2001 Sasha zur Welt kam, «konnte meine Frau ihren Ärger auf mich kaum zügeln. ‹Du denkst immer nur an dich›, würde sie sagen. ‹Ich hatte nicht die Absicht, eine alleinerziehende Mutter zu werden.›»

Solche Vorwürfe trafen Barack hart. Er fand sie unfair. Schließlich zog er abends nicht durch die Kneipen. Aus seiner Sicht verlangte er nichts Besonderes. Er erwartete keine traditionelle Frauenrolle in dem Sinne, dass Michelle seine Socken stopft und ein Essen auf dem Tisch steht, wenn er heimkommt. Und er half doch immer mal wieder mit den Kindern aus. Also sah er sich als modernen Mann. Im Gegenzug wünschte er sich Anerkennung und etwas mehr Zärtlichkeit. Erst später, schreibt Obama, sei ihm klar geworden, dass die Hauptbelastung von Kindern und Organisation des Haushalts auch in einer modernen Familie zum Großteil an den Müttern hängen bleibt. Sein Zeitplan als Politiker war weniger anpassungsfähig als der seiner berufstätigen Frau. Anders als Michelle spricht Barack allerdings auch aus, in was für einer bevorzugten Lage sie sich befanden im Vergleich mit einer amerikanischen Durchschnittsfamilie. Sie konnten sich all die Hilfsdienste leisten: das Kindermädchen tagsüber und zusätzliche Babysitter abends, die Putzfrau einmal die Woche und warme Abendessen aus Restaurants oder Imbissläden zum Mitnehmen. Denn sie hatten beide weder Zeit noch Lust, noch Energie zum Kochen. Wenn man freilich Geld für all das ausgibt, strapaziert das selbst die Haushaltskasse von Doppelverdienern, die gemeinsam mehr als 200000 Dollar im Jahr nach Hause bringen.

Michelles nächster größerer Karriereschritt musste bis nach der Geburt der zweiten Tochter warten. Er baute auf der Leistung auf, die sie im Studentenwerk gezeigt hatte, und führte zur Universitätsklinik. Dort übernahm sie, ebenfalls als «Direktorin», den Bereich «Community Relations», die Pflege der Beziehungen zur direkten Umgebung. Das Krankenhaus der Hochschule hatte mit noch größeren Vorbehalten in der Nachbarschaft zu kämpfen als die Universität insgesamt.

Arbeiten oder daheim bleiben?

Eine Zeitlang war freilich gar nicht so sicher, dass Michelle ihre Karriere fortsetzen würde. Während der Schwangerschaft mit Sasha hatte sie Zweifel daran, wie sie mit ihren konkurrierenden Aufgaben als junge Mutter und Berufstätige umgehen solle – und vor allem, welche Hilfe sie von ihrem Mann erwarten dürfe. 2004, als Barack um den Sprung in den nationalen Senat kämpfte, erzählte sie der «Chicago Tribune», sie habe 2001 mit sich gerungen, weil sie «eine gute Mutter sein wollte. Ich war kurz davor, zu sagen: Ich weiß im Moment ohnehin nicht, was ich beruflich weiter machen will; also kann ich etwas Neues ausprobieren, was ich noch nicht getan habe, und zuhause bleiben.» In dieser Lebensphase, in der die Kinder kamen, hatte sie versuchsweise auf Teilzeit reduziert und für kurze Zeiträume auch mal ganz pausiert. Doch das erwies sich als unbefriedigend für sie. Jedes Jahr habe sie neue innerliche Kämpfe ausgetragen, ob sie die

Arbeit aufgeben und nur Mutter sein wolle, erzählte sie im Sommer 2007 der «Vogue».

Andererseits wollte sie ihren Job nicht missen. Er gab ihr inhaltlichen Ausgleich und Unabhängigkeit. Michelle erlebte denselben Widerspruch zwischen Theorie und Praxis wie viele andere junge Mütter. Sie hatte Freude an ihren Kindern, und sie vertrat wegen ihren eigenen Kindheitserfahrungen das Ideal einer Mutter, die zuhause bleibt, statt ihrem Beruf nachzugehen. Doch für sich persönlich empfand sie diese Aussicht als langweilig. Als sie nach Malias Geburt jedoch wieder arbeitete, ging es ihr mitunter umgekehrt: Sie hatte manchmal ein schlechtes Gewissen, dass sie nicht bei ihren kleinen Kindern war.

Michelle sprach mit ihrer Mutter darüber und war ganz erstaunt, zu hören, es sei auch für sie manchmal, nun ja, langweilig gewesen, nur für Michelle und Craig da zu sein. Ihre Mutter habe ihr geraten, das sei wohl nicht das richtige Modell für die ehrgeizige Michelle. Die Kandidatenfrau machte vorübergehend daraus ein Wahlkampfthema: «Wir müssen offen darüber sprechen, denn ich glaube, dass alle Paare mit diesem Problem zu kämpfen haben. Die Menschen verschweigen, wie sehr Kinder das Leben verändern. Ich denke, viele Leute geben sich auf. Manche gehen daran zugrunde. Aber wenn wir darüber reden, können wir uns gegenseitig helfen.»

Auch die Erfahrung mit Barack und seiner begrenzten Anwesenheit spielte dabei eine zentrale Rolle. Sie hat das mal in begütigenden Formulierungen, mal in sehr offenen Worten berichtet. Die freundliche, humorvolle Version gegenüber «O», dem Magazin zur Oprah-Winfrey-Show, vom November 2007 klingt so: «Das war eine wichtige Periode, in der unsere Ehe reifer wurde. Er war im Regionalsenat, wir hatten kleine Kinder, und es war hart. Für mich war das ein Kampf, bis ich herausfand, wie es auch für mich funktionieren kann.»

Sie habe dann «eine Erleuchtung» gehabt. «Ich sitze da mit einem neugeborenen Baby, verärgert, müde und ohne mich in Form halten zu können. Das Baby will um 4.00 Uhr früh etwas zu trinken kriegen. Und mein Ehemann liegt da und schläft.» Sie habe beschlossen, wie früher morgens ins Fitnesscenter zu gehen und Barack die Aufgabe zu überlassen. «Und wenn ich wieder nach Hause kam, waren die Mädchen wach und bereits gefüttert. Das war eine Lösung, die ich einfach für mich selbst brauchte.»

Das ist die pfiffige Version für den Präsidentschaftswahlkampf: Eine Frau führt ihren Mann durch die Macht des Faktischen auf den richtigen Weg. Wenn freilich stimmt, dass er so oft gar nicht zuhause in Chicago war, kann dies allenfalls die Lösung für wenige Tage im Jahr gewesen sein.

Drei Jahre zuvor, im Senatswahlkampf 2004, hatte Michelle ihren Ärger über ihren Mann im Gespräch mit der «Chicago Tribune» stärker durchblicken lassen. Es klang dramatisch – so als sei die Zukunft der Ehe bedroht gewesen. Sie habe damals beschlossen, sich nicht mehr über die ungleiche Belastung zuhause aufzuregen, «denn dann bin ich eine angespannte Mutter und eine verärgerte Ehefrau». Das könne die Beziehung auf Dauer vergiften. «Soweit ich die Männer beobachte, und zwar alle Männer, haben sie eine klare Rangordnung: Das Ich kommt zuerst, danach die Familie, irgendwo ist auch Gottes Platz. Bei Frauen ist das anders. Das Ich kommt bei ihnen erst an vierter Stelle, auf die Dauer ist das nicht gesund.»

Am Ende dieser Entwicklung war es für Michelle nicht mehr entscheidend, Barack zu zwingen, dass er seine Prioritäten ändert. Sondern einen anderen Weg zu finden, wie sie wieder mehr Zeit für sich und ihren beruflichen Ehrgeiz gewann. Sie schloss Frieden mit der Lage, die sie jahrelang empört und ihre Ehe an den Rand des Scheiterns gebracht hatte. «Kaum noch miteinander geredet» hätten Michelle und

Barack zeitweise, hat sein Büroleiter Dan Shomon über die Jahre 2000/01 gesagt. «Ich habe eine Menge Zeit damit verloren, zu erwarten, dass mein Mann diese Probleme löst», erklärte Michelle im Sommer 2007 der «Vogue». «Aber irgendwann habe ich verstanden, dass er für uns da war, so gut er konnte. Wenn er nicht da war, bedeutete das nicht, dass er kein guter Vater war oder es ihm egal ist. Ich begriff, dass auch meine Mutter oder ein guter Babysitter aushelfen konnten. Und als ich das akzeptiert hatte, wurde meine Ehe wieder besser.»

Michelle organisierte ihr «support network», wie sie das nennt: einen Kreis persönlicher Helfer, zu dem Mutter Marian, Nachbarn, Verwandte und Babysitter gehörten. Sie schafften den Freiraum, den ihr Mann, der ehrgeizige Nachwuchspolitiker, ihr nicht geben konnte – den Freiraum, der ihr die volle Berufstätigkeit ohne schlechtes Gewissen gegenüber ihren Kindern ermöglichte. An einem Herbsttag 2001 ging sie dann schließlich zum Vorstellungsgespräch in der Uniklinik, rund vier Monate nach Sashas Geburt. Über diese Etappe in ihrem Leben haben Michelle und ihre Arbeitskolleginnen mitunter gesprochen. Freilich klingen auch da wieder manche Details ein bisschen nach Legendenbildung und lassen sich nur bedingt mit anderen Informationen in Einklang bringen. Mehrfach erzählte Michelle, sie habe ihre jüngere Tochter Sasha zu dem Vorstellungsgespräch mitnehmen müssen, weil diese noch aufs Stillen angewiesen war. Das passt nun nicht so recht zu der anderen Erzählung, dass sie morgens ins Fitnessstudio ging und es Barack überließ, Sasha das Fläschchen – vermutlich mit abgepumpter Muttermilch – zu geben.

Eine besonders ungewöhnliche Version gab Michelle Ende Januar 2008 kurz vor der Vorwahl in South Carolina zum Besten. Bei einem Mittagstreffen mit 150 Frauen im Restaurant «Lazy Goat» in Greenville sagte sie, sie habe Sasha zu dem Vorstellungsgespräch mitgenommen, um ihre Aussichten auf die Anstellung zu sabotieren. Sie habe das vier Monate alte Baby dort gestillt und ein besonders hohes Gehalt verlangt, um abgelehnt zu werden. Den Job bekam sie dennoch. Selbstverständlich. Wann hat Michelle je ein Projekt begonnen, bei dem sie an ihren persönlichen Erfolgsaussichten zweifelte?

Zurück ins Berufsleben

«Eine eigene Arbeit ist wie eine Auszeichnung.
Ich kümmere mich sehr gern um Probleme,
die nichts mit meinem Mann und meinen Kindern
zu tun haben. Wenn man das erfahren hat,
ist es sehr schwer, das wieder aufzugeben.»

Michelle zur «Vogue» vom September 2007

Die Spannungen zwischen dem Uniklinikum Chicago und
den Bürgern in den umliegenden Wohnvierteln haben auch
mit den Besonderheiten des Krankenversicherungssystems in
Amerika und dem Leistungsangebot der unterschiedlichen
Kliniken zu tun. In den USA gab es damals – und gibt es auch
2009 – keine allgemeine Krankenversicherung für alle Bürger.
Barack Obama hat die Einführung eines solchen Systems zu
einem zentralen Wahlversprechen gemacht. Ein erster Anlauf
unter Bill Clinton war 1994 am Widerstand der Republikaner
und der Gesundheitslobby gescheitert.

Im bisherigen System ist die Krankenversicherung ein Teil
des Arbeitsvertrags. Größere Firmen bieten sie ihren Angestellten und deren Familien an – und handeln den Umfang
der Absicherung aller Betriebsangehörigen mit einem Ver-
sicherer aus. Wenn das Anstellungsverhältnis endet, geht auch
der Versicherungsschutz verloren. Kleinere Betriebe bieten
zudem oft keine Krankenversicherung an. Auch ungelernte
Arbeiter oder Menschen mit Teilzeitverträgen haben häufig
das Nachsehen. Millionen Amerikaner verfügen deshalb über
keine Krankenversicherung. Sie könnten zwar privat eine

Police für sich und die Familie abschließen, aber das empfinden die meisten Betroffenen als zu teuer. Da sie keine Versicherung haben, gehen sie in der Regel auch nicht prophylaktisch zum Arzt. Werden sie ernsthaft krank, wird die Notaufnahme des Krankenhauses zur letzten Zuflucht. Dort wird jeder behandelt, auch wenn er nicht zahlen kann. Aus Sicht nicht nur der Mediziner ist das die unvernünftigste Art der Gesundheitsversorgung. Wegen der hochwertigen technischen Ausstattung eines «Emergency Rooms» und dem besonders qualifizierten Personal verursacht die Behandlung dort außergewöhnlich hohe Kosten. Patienten, die den Besuch durch rechtzeitiges Erscheinen bei einem einfachen Arzt hätten vermeiden können, «verstopfen» zudem die Notaufnahme. Aus der Sicht der Kliniken ist die Nutzung der Notaufnahme als letzter Ausweg für nicht versicherte und nicht zahlungsfähige Patienten ein Missbrauch des Systems. Die Betroffenen spüren natürlich diesen Unwillen, auch wenn sie behandelt werden. Und sie fühlen sich abgewiesen, wenn man ihnen rät, sie könnten mit ihrem Problem auch eine kostengünstigere Arztpraxis aufsuchen.

Dieser strukturelle Grundkonflikt ist in ganz Amerika verbreitet. Im Fall des Universitätsklinikums Chicago hatte er jedoch besondere Ausmaße angenommen. Diese Klinik hat wegen ihrer zusätzlichen Aufgaben in Forschung und Lehre eine noch höherwertige Ausstattung als reguläre städtische Krankenhäuser. Und im Umkreis wohnen überdurchschnittlich viele Arme und Unversicherte. Folglich waren die Spannungen dort besonders groß. Die Klinikleitung musste etwas unternehmen. Das war der eine Grund, warum sie sich um Michelle Obama bemühte. Die hatte mit dem Freiwilligenprogramm des Studentenwerks vorgemacht, wie sich ein so belastetes Verhältnis verbessern lässt.

Der andere Grund: Kurz bevor Michelle 2002 den Jobwechsel vollzog, hatte sich ein weiterer Streit zugespitzt. Er hatte sich seit über einem Jahr angebahnt. Das Klinikum plante in jener Zeit Ausbauten von ungewöhnlicher Dimension. Insgesamt ging es nach Angaben des «Hyde Park Herald» vom August 2002 um Aufträge im Wert von 500 Millionen Dollar. Handwerker der Umgebung hatten sich beschwert, dass für sie kaum etwas abfalle. Dieser Konflikt wurde auch unter dem Vorwurf der Rassendiskriminierung ausgetragen. Betriebe mit vielen Schwarzen und Latinos klagten, sie kämen nicht zum Zuge. Im November 2001 hatte die Vereinigung Afroamerikanischer Bauunternehmer die Grundsteinlegung für den Ausbau mit Protestaktionen gestört. Unter dem Druck hatte die Klinik im Dezember 2001 ihre erste «Economic Opportunity Fair» abgehalten – eine Kontaktbörse für Handwerks- und Baubetriebe mit der Zusage ökonomischer Chancengleichheit. Universitätspräsident Don Randel versprach, er wolle die Vorgabe der Stadt, 25 Prozent der öffentlichen Aufträge an Firmen der Minderheiten zu vergeben, deutlich übertreffen. Nur folgten die Taten offenbar nicht ganz so schnell. Michelle wurde mit der Aufgabe betraut, auch diesen Konflikt mit der Nachbarschaft zu moderieren. «Wir sind dabei, ein Büro aufzubauen, das sich darum kümmert», sagte die frischgebackene Direktorin für Nachbarschaftsbeziehungen im August 2002. «Zum Jahresende wollen wir es in Betrieb haben.»

Michelle war hilfreich bei der Vermittlung in diesem Konflikt, weil sie aus der South Side stammte. Sie wurde zum Aushängeschild einer «weißen» Institution und erhöhte in den Augen der Afroamerikaner die Glaubwürdigkeit der Ausgleichsbemühungen. Doch erneut kann man den Eindruck gewinnen, bei der späteren Beschreibung könnte ihre Rolle mit ein paar zu vielen Details ausgeschmückt worden sein. So war am 18. Juni 2008 in der «New York Times» folgende Version des Protests gegen die Grundsteinlegung zu lesen: Die Honoratioren der Uniklinik hatten sich zur Zeremonie

versammelt. Doch plötzlich tauchten lärmende afroamerikanische Protestler auf. «Die Klinikleiter erstarrten. Frau Obama
schlenderte hinüber (zu den Demonstranten) und bot an, man
könne später über ihre Forderungen sprechen, aber nur, wenn
sie sich jetzt ruhig verhielten. Sie veränderte das System der
Auftragsvergabe und schanzte so viele Arbeiten Firmen zu,
die Frauen und anderen Minderheiten gehören, dass die Klinik dafür sogar noch ausgezeichnet wurde.»

Sie setzte sich auch für einen anderen Umgang mit den
Patienten ein, die in der Notaufnahme erschienen, obwohl
ihnen auch mit einfacheren Mitteln geholfen werden konnte.
Michelle ließ Leute aus der Nachbarschaft anlernen, die Fälle
mit unkomplizierten Beschwerden an die Arztpraxen in der
Umgebung verwiesen. Zunächst ging die Überlastung des
«Emergency Room» zurück, und zugleich nahmen die Kla-
gen ab, dass Patienten sich abgewiesen fühlten. 2009 nahmen
diese Beschwerden freilich wieder zu. Die Uniklinik hatte
Michelles Stelle nach deren Weggang nicht neu besetzt.

Michelle brachte auch Fingerspitzengefühl für Forschungs-
projekte mit, die sich zu einem politischen Problem auswach-
sen konnten. Eine Pharmafirma hatte einen Impfstoff gegen
den Papillomavirus entwickelt. Dieser Virus steht im Verdacht,
Gebärmutterkrebs zu begünstigen. Die Forschungsabteilung
der Klinik wollte den Impfstoff an schwarzen Teenagerinnen
der Umgebung testen und die Schulen um Kooperation bit-
ten. Michelle stoppte das Projekt, weil die Versuchsanordnung
historische Parallelen heraufbeschwören konnte. Beim sogenannten «Tuskegee Syphilis Experiment» hatten weiße Ärzte
Mitte des 20. Jahrhunderts nur einen Teil der betroffenen
Schwarzen behandelt, einen anderen dagegen nicht, um eine
Vergleichsgruppe zu haben, an der sie den Verlauf der Krankheit studieren wollten.

Nichts ist erfolgreicher als der Erfolg. Im Laufe der folgenden zwei, drei Jahre wuchsen Michelles Aufgabenbereich,

die Zahl ihrer Untergebenen und auch ihre Entlohnung. Das provozierte, wie gesagt, 2007 im Präsidentschaftswahlkampf öffentliche Rückfragen, ob ihre Beförderung in der Uniklinik im März 2005 und der Gehaltssprung von 122 000 Dollar 2004 auf 317 000 Dollar 2005 etwas mit dem gewachsenen politischen Einfluss ihres Mannes zu tun hatten.

Michelles Vorgesetzte wiesen den Verdacht empört zurück. «Sie ist ihr Körpergewicht in Gold wert, sie ist einfach Spitze», sagte Klinikchef Michael Riordan. Mit der Gehaltserhöhung habe man Michelles Leistung würdigen wollen. Sie habe 2002 ein kleines Büro mit zwei Teilzeitkräften übernommen. Bis 2005 sei daraus eine Abteilung mit 17 Vollbeschäftigten geworden. Dank der verbesserten Beziehungen zu den Anwohnern habe sich die Zahl der Menschen, die freiwillig im Klinikum aushelfen, von 200 auf nahezu 1000 erhöht – und die Zahl der Klinikangestellten, die freiwillige Dienste in der Umgebung leisten, auf rund 800 vervierfacht.

Politische Partnerin

«Mein ganzes Leben habe ich versucht,
ihn von der Politik abzubringen.
‹Unterrichte, schreibe Bücher, singe, tanze –
das ist mir egal. Nur bitte nicht dies (Politik).›»

Michelle am 1. Mai 2008 in Indianapolis

Parallel zu Michelles Aufstieg machte Barack politische Karriere. Sie hielt ihm daheim den Rücken frei und bestätigte
insofern das Sprichwort, hinter jedem erfolgreichen Mann
stehe eine ehrgeizige Frau. Sie gehört freilich nicht zu dem
Typus einer Politikergattin, die den Erfolg noch ehrgeiziger
anstrebt als der Mann selbst. Sie hat seinen Aufstieg vielmehr
mit einer gewissen Skepsis begleitet und, alles in allem, eher
duldsam ertragen als energisch vorangetrieben.

Auch in dieser Hinsicht hat sich Michelle in der Öffentlichkeit allerdings vieldeutig geäußert. Mal erweckt sie den
Eindruck einer unglücklichen Gattin, die Politik als schmutziges Geschäft verabscheut und die Belastungen für die Familie als unzumutbar beschreibt. Mal ist sie die stolze Ehefrau an
der Seite einer einsamen Lichtgestalt, und in dieser Darstellung ist Politik dann ein idealistisches Anliegen zur Verbes-
serung der nationalen Lebensumstände. Hat sie ihn also gebremst, weil sie Schaden für Ehe und Kinder befürchtete?
Will sie gar sagen, er habe ihr das Leben als Politikerfrau gegen ihren Willen aufgezwungen? Oder hat sie ihn ermuntert
und vorangetrieben, weil sie fand, dass Amerika einen so
begabten Politiker dringend brauche und dass es zudem eine

Verschwendung seines Talents gewesen wäre, wenn er nicht Präsident geworden wäre? In der Summe drängt sich der Eindruck auf: von allem ein bisschen.

So ist es abermals eine Interpretationsfrage, ob man ihr diese Widersprüche vorhalten will oder sie mit ein wenig Einfühlungsvermögen zu verstehen versucht. Wer sich vor Augen führt, welch tiefgreifende Konsequenzen Baracks Berufswahl für Michelle und die Töchter mit sich brachte, der wird wohl Verständnis dafür aufbringen, dass sie seinen Weg mit gemischten Gefühlen begleitete: Oft hat sie sich überlastet, verlassen und vernachlässigt gefühlt. Dann wieder gab es euphorisierende Erfolge – und schließlich den ultimativen Triumph, die Wahl zum Präsidenten. Da ist ein gewisses Maß an Ambivalenz in den verschiedenen Phasen seiner Karriere durchaus nachvollziehbar.

Michelle neigt mitunter dazu, sehr kategorisch zu formulieren, so als drücke sie eine Erkenntnis von ewigem Wahrheitsanspruch aus und als gebe es keine Zwischentöne. Das trägt zu dem Eindruck bei, sie widerspreche sich. In manchen Momenten ist Politik abgrundtief schlecht, in anderen dagegen das magische Mittel, um das Schicksal der ganzen Nation zum Besseren zu wenden. Deshalb ist es ratsam, ihre jeweiligen Aussagen in den zeitlichen Zusammenhang einzuordnen. Und das im doppelten Sinne: Man muss sich vergegenwärtigen, über welches Jahr sie spricht. Und wann sie die jeweilige Aussage gemacht hat.

Im Januar 2004, als ihr Mann sich um den Senatssitz in Washington bewirbt, erzählt sie dem Reporter der «Chicago Tribune», David Mendell, sie habe Barack von Anfang an ermuntert, in die Politik zu gehen. «Ich sagte ihm: Wenn es das ist, was du wirklich tun willst, dann wirst du es, wie ich denke, hervorragend machen. Du bringst alles mit, wovon die Menschen sagen, dass sie es von ihren gewählten Vertretern erwarten.»

Was sie im Sommer 2007, in der Frühphase des Präsident-schaftswahlkampfs, gegenüber Liza Mundy von der «Washington Post» behauptet, klingt wie das genaue Gegenteil: Barack habe die Idee einer politischen Karriere zum ersten Mal ernsthaft mit ihr diskutiert, als er sich um das Landtagsmandat bewarb, also um 1995. Und sie habe völlig entgeistert geantwortet: «Was erzählst du da? Warum in aller Welt Politik? Und natürlich war meine Reaktion: Nein, tu das bitte nicht. Wir sind frisch verheiratet, warum willst du uns das antun?» Die Darstellung, sie habe vorher nie mit Barack über eine politische Karriere gesprochen, ist, wie wir aus früheren Kapiteln wissen, nicht glaubwürdig. Ihr Mann und ihre gemeinsamen Vertrauten stützen aber die These von einer Michelle, die Politik als eine Belastung ihrer Ehe ansieht. «Michelle würde niemals (freiwillig) in die Politik gehen», schreibt Barack in «The Audacity of Hope». Newton Minow, einer der politischen Mentoren bei dessen Einstieg in die Politik, sagte 2008 über Michelle: «Sie konnte Politik nicht leiden. Punktum. Sie wollte nicht, dass er für ein Amt kandidiert. Ich weiß das, weil er es mir selbst gesagt hat.»

Michelle zog noch mit anderen Aussagen zur politischen Rolle ihres Mannes misstrauische Kommentare auf sich. Sie hielt sich nicht an die übliche Psychologie in der Rollenverteilung zwischen Politikern und Bürgern im Wahlkampf. In der Regel bemühen sich der Kandidat und seine Frau um die Gunst der Wähler. Michelle drehte dieses Verhältnis phasenweise um. Sie äußerte sich so, als müsse nicht Barack Obama um das Vertrauen der Bürger werben, sondern als tue er der Nation einen Gefallen, indem er sich zur Wahl stelle. Sie trat nicht als Ehefrau auf, die mit einer gewissen Demut um Zustimmung für ihren Mann bittet, sondern als eine Politikergattin, der die Bürger dankbar sein sollten, dass sie ihm überhaupt die Kandidatur erlaubt hat. «Ich bin verheiratet mit der Antwort» auf eure Probleme, sagte sie am 3. Juli 2007 in Harlem. In Iowa nannte sie Barack bei mehreren Auftritten im August 2007 «den Mann, den ich lieber bei mir zuhause hätte, aber den ich zu opfern bereit bin».

Bei manchen Zuhörern und Beobachtern formte sich das Bild einer Frau, die eigentlich sagen wollte, ihr Mann sei zu schade für die Politik. Wenn er sich schon zur Verfügung stelle, dann müsse er ganz oben an der Spitze einsteigen. Die Nation solle ihn dankbar krönen und ihm den mühsamen Auswahl- prozess ersparen. Wenn Amerika ihn nicht 2008 wähle, werde das Land keine zweite Chance dazu bekommen, verkündete sie im Herbst und gegen Jahresende 2007 mehrfach; sie sei nicht bereit, ihm und der Familie die Strapazen der Kampa- gne ein zweites Mal zuzumuten. «It's now or never.» Diese Warnung wurde ihr von manchen Beobachtern als Arroganz ausgelegt. Baracks ehemaliger Büroleiter aus den Jahren im Landtag von Illinois, Dan Shomon, hatte schon zuvor zu die- ser Interpretation einer etwas zu hochnäsigen und anspruchs- vollen Michelle beigetragen. Sie habe gefunden, die regionale Politik sei unter seiner Würde, sagte Shomon im Oktober 2007 dem Magazin «Slate». «Sie dachte, er sei soooo außerge- wöhnlich und er werde nie Größe erreichen, wenn er in der Kommunal- oder Landespolitik stecken bleibe.»

Das Opfer

Was als Widerspruch erscheint, wenn man das eine Zitat gegen das andere setzt, ist schließlich nur die Summe ihrer Erfahrun- gen. Sie hatte immer das potenzielle andere Leben vor ihrem inneren Auge – wenn er nicht Politiker geworden wäre. Ein solches Leben wäre einfacher für die Ehe und für die Familie gewesen. Sie hat ja recht, wenn sie in der «stump speech», dem

Kerngerüst ihrer Wahlkampfreden, immer wieder sagt: Barack und sie hätten dank ihrer guten Ausbildung ein unkompliziertes und komfortables Leben mit hohen Gehältern führen können. Aber Barack spüre eben diese soziale Verantwortung und könne da «sehr überzeugend und leidenschaftlich» sein. «Irgendwann sagt mein Gewissen: Okay, du hast recht. Wir haben eine Verpflichtung. Und wir sind in der Lage, dass wir das Opfer bringen können, auf Einkommen zu verzichten.»

Einige der Schlüsselerlebnisse, die ihre Skepsis gegen seine politische Karriere stärkten, haben Michelle und Barack öffentlich gemacht. 1999 war ein Jahr besonderer Konflikte zwischen seinen Pflichten als Ehemann und Vater einer einjährigen Tochter sowie seinen politischen Ambitionen. Er war sehr selten zu Hause, da er drei Ziele gleichzeitig verfolgte. Er bemühte sich, an allen Abstimmungstagen im Landtag in Springfield zu sein, was ihn mehrere Stunden Fahrtzeit von Chicago und zurück kostete. Der sogenannte «voting record», die Abstimmungsstatistik, ist ein entscheidender Maßstab in politischen Karrieren. Er hielt, auch aus finanziellen Gründen, an seinem Lehrauftrag als Verfassungsjurist an der Universität von Chicago fest. Und er bereitete sich darauf vor, für den US-Kongress zu kandidieren und den amtierenden Abgeordneten Bobby Rush herauszufordern. Das alles kostete Zeit. Barack beschreibt sein Verhältnis zu Michelle in jenen Monaten als ziemlich belastet. «Barely on speaking terms» seien sie gewesen – sie hätten kaum noch miteinander gesprochen. Der traditionelle Weihnachtsurlaub auf Hawaii bekam da eine besondere Symbolik als Wiedergutmachung. Doch rund um die Feiertage debattierte der Landtag eine Verschärfung der Schusswaffenkontrolle: ein Anliegen, das Obama wegen der Kriminalitätsrate in seinem Bezirk unterstützte. Während er noch mit Michelle und der 17 Monate alten Tochter Malia auf Hawaii war, wurde eine Abstimmung für den 29. Dezember angesetzt. Sein Büroleiter Shomon riet ihm dringend, zurückzukommen. Doch Barack traute sich nicht, aus Rücksicht auf seine Frau. Malia hatte nämlich eine Erkältung bekommen, und Michelle machte sich große Sorgen. Die Demokraten verloren die Abstimmung. Drei Stimmen fehlten, eine davon war die Baracks. Dass ihm der Urlaub auf Hawaii wichtiger war, erzürnte die Demokratische Partei. Die Erkältung eines Kleinkinds wurde nicht als ernsthaftes Hindernis akzeptiert. «Ich kann nicht das Wohlergehen meiner Tochter für die Politik opfern», verteidigte sich Barack vor den Medien. Vielleicht empfand er es wirklich so, er war zum ersten Mal Vater. Doch Eltern, die Erfahrung mit Kinderkrankheiten haben, fanden die Aussage übertrieben.

Wenige Monate später verlor Obama den Kampf um die Kongresskandidatur gegen Amtsinhaber Bobby Rush. Michelle hatte dieses Ziel nicht unterstützt. Und er saß mit einem Haufen Schulden da. 550 000 Dollar hatte ihn die Bewerbung gekostet; die Wahlkampfspenden deckten nicht alle Ausgaben ab. Das war der Moment, wo sie ihn fast so weit hatte, die Politik aufzugeben. Er überlegte, ob er eine Professur anstreben solle. Ihm wurde auch der hochbezahlte Vorsitz in einer der wohltätigen Stiftungen angeboten, in deren Aufsichtsräten er bereits saß. Michelle wollte, dass er das Angebot annahm. Seit Herbst 2000 war das zweite Kind unterwegs: Sasha, die am 7. Juni 2001 geboren wurde.

Baracks letzte Chance

Er entschied sich jedoch gegen den Ausstieg aus der Politik. Von Michelle erbat er sich eine letzte Chance. Im Landtag und in der Partei zog er die Lehren aus der Niederlage. Er bemühte sich stärker um die Gunst seiner Kollegen und um mehr mannschaftsdienliches Vorgehen. Ohne einen stärkeren Rückhalt in den Parteistrukturen, das wusste er nun, konnte er sich nicht erfolgreich um höhere Ämter bewerben. Ihm musste freilich auch klar sein, dass Michelle sein Beharren als eine gewisse Zumutung empfand. Sie begriff umgekehrt, wie wichtig ihm die Politik war und dass er ohne Erfolg und Anerkennung dort nicht glücklich würde. Aus diesem Blickwinkel betrachtet, klingen jene Äußerungen, die ihr als Arroganz ausgelegt wurden, etwas anders. Seine politische Karriere bedeutete eine Einschränkung ihrer Lebensqualität als Ehefrau und Mutter. Wenn sie dieses Opfer schon brachte, dann sollte etwas mehr Ehre, Ansehen und Einfluss dabei herausspringen, als es ein Landtagsmandat in Illinois hergibt. Diese Gefühlslage hat Valerie Jarrett bestätigt. Sie erzählte der «Vogue» für deren Septemberausgabe 2007: «Michelle hat keine große Toleranz für unproduktive Bemühungen... Dass er (im Landtag) in Springfield war statt an ihrer Seite, ohne dass ihn das voranbrachte – das war frustrierend. Wenn Barack dagegen das Land führt und etwas zustande bringt, dann gerät ihr Blut in Wallung.»

Bald bot sich die nächste Chance, auf die nationale Bühne zu springen. 2004 stand einer der beiden Sitze des Staates im US-Senat zur Wahl an: der kleineren und feineren zweiten Kammer des Kongresses, in der jeder der 50 Bundesstaaten mit je zwei Senatoren vertreten ist. Im Laufe des Jahres 2002 sondierte Barack seine Aussichten. Diesmal legte er größeren Wert auf Michelles ausdrückliche Unterstützung. Kurz vor Beginn der Präsidentschaftsbewerbung, im Dezember 2006, erzählte sie rückblickend dem «Chicago-Tribune»-Reporter David Mendell: Die zentrale Frage bei der Senatskandidatur «war für mich: Wie können wir uns das leisten? Darüber rede ich ungern. Die Leute haben vergessen, dass er damals seine Kreditkarte überzogen hatte. Wovon würden wir leben? Wir würden zwei Wohnungen finanzieren müssen, eine hier in Chicago und eine in Washington. Wir hatten noch Studienschulden, mussten die Betreuung der Kinder bezahlen und für deren Ausbildung sparen ... Meine Frage war: Ist das nicht nur ein neues Glücksspiel?» Barack habe ihr daraufhin versprochen, er werde «ein Buch schreiben. Ein gutes Buch.» Und sie habe skeptisch geantwortet: «Ja, ja, und das wird ein goldenes Ei?» Von nun an waren sie ein politisches Paar. Sie war die Aufpasserin, die darauf achtete, dass die Risiken überschaubar blieben. Sie ging mit zu den Sondierungsgesprächen mit potenziellen Unterstützern, zum Beispiel den Unternehmerfamilien Pritzker, Crown oder Bryan. Und zu einem der wichtigsten Wahlkampfstrategen in Chicago, David Axelrod. Michelle gab nicht nur ihr Okay. Sie erwies sich mehrfach als Baracks entscheidendes Erfolgsargument. In der Vorwahl hatte er zwei weiße Hauptfavoriten gegen sich: den Geschäftsmann und Millionär Blair Hull sowie den etablierten Landespolitiker Dan Hynes, der als «State Comptroller» der oberste Wächter der Finanzen des Staates Illinois war. Die Konstellation war ein Glück für Obama. Sie bedeutete «split of the white vote»: Im besten Fall würden sie sich das Stimmpotenzial der weißen Bürger ziemlich genau teilen, sodass jeder von ihnen nur etwa die Hälfte der weißen Wähler auf sich zog. Dann könnte Barack sich mit der relativen Mehrheit an die Spitze setzen, falls er den überwältigenden Teil der schwarzen Wähler für sich einnahm und dazu noch einige weiße Stimmen aus dem erweiterten Bekanntenkreis seiner einflussreichen Unterstützer in der wirtschaftlichen Elite Chicagos bekam. Bei dieser Strategie half ihm Michelle.

Mitarbeiter in seinem Wahlkampfbüro berichten, eine der häufigsten Erkundigungen schwarzer Wähler sei gewesen, ob Barack mit einer Weißen oder einer Afroamerikanerin verheiratet sei. Michelles Hautfarbe wurde in solchen Gesprächen zur entscheidenden Rückversicherung gegen den Vorwurf, Obama sei nur zur Hälfte schwarz und im Übrigen ein abgehobener Intellektueller, der sich wohl kaum für die Interessen armer Afroamerikaner einsetze.

Die Ehe als Trumpf

Darüber hinaus wurde die Ehe mit Michelle im Wahlkampf zu einem Wert an sich, weit über den Kreis der schwarzen Bürger hinaus. Sowohl im Vorwahlkampf um die Kandidatur für die Demokratische Partei wie im Hauptwahlkampf gegen den republikanischen Rivalen spielten plötzlich Eheprobleme seiner Konkurrenten eine Rolle. Wenige Wochen vor der Vorwahl führte Millionär Hull in den Umfragen, gefolgt von Hynes. Obama lag auf dem dritten Platz. Doch dann kamen hässliche Details aus Hulls Scheidungsakten ans Licht. Er blieb aber im Rennen. Und gegen Hynes, den anderen weißen Kandidaten, spielte Obama in den Kandidatendebatten sein Redetalent aus. Bei der Vorwahl im März 2004 siegte Barack mit sensationellen 53 Prozent.

In der Hauptwahl wiederholte sich die Geschichte von Barack im Glück. Auch der Republikaner Jack Ryan hatte mit peinlichen Details aus seinen Scheidungsakten zu kämpfen. Seine Exfrau Jeri warf ihm vor, er habe sie in Sexclubs mitgenommen und gegen ihren Willen zu intimen Handlungen vor den Augen Dritter überredet. Ryan zog schließlich seine Bewerbung zurück. Der Ersatzkandidat der Konservativen, Alam Keyes, war in der kurzen Zeit bis zum Wahltag chancenlos. Obama gewann im November 2004 den nationalen Senatssitz. Seine Ehe mit Michelle war dabei einer der entscheidenden Trümpfe.

Sie ist sein psychologischer Rückhalt in den entscheidenden Momenten. Und er vertraut ihrem Instinkt. Bereits in der

Senatsvorwahl 2004 wurde der Wahlslogan «Yes, we can» erprobt, der im Präsidentschaftswahljahr 2008 in aller Munde sein würde. Damals waren sich Obamas Berater nicht so sicher, ob der Spruch nicht etwas zu simpel klinge und nur die Botschaft transportiere, auch ein Afroamerikaner könne Senator werden. Barack holte sich bei Michelle Rat. Sie folgte der Argumentation des Wahlkampfstrategen David Axelrod, dass sich die Botschaft viel umfassender für die Inspiration und Mobilisierung schwarzer wie weißer Wähler nutzen lasse. Das gab den Ausschlag für den Werbespruch.

Michelle begann bereits damals, selbst im Wahlkampf ihres Mannes aufzutreten, teils an seiner Seite, teils als Ersatz für ihn. Illinois ist mit 140 000 Quadratkilometern doppelt so groß wie Bayern, der größte deutsche Flächenstaat. Barack kann nicht überall selbst hinkommen. Es war, so darf man im Rückblick sagen, ihr Probelauf für den Präsidentschaftswahlkampf. Sie nutzte 2004 ganz ähnliche Botschaften wie 2008. «Ich bin es leid, dass die Privilegierten die Politik dominieren. Die Reichen. Die Leute mit den einflussreichen Vätern.» Damals richtete sich das gegen die beiden Millionäre unter den Gegenkandidaten ihres Mannes. 2008 passte es ebenso gut auf die aktuellen Rivalen Baracks. Und sie versuchte, seine Hautfarbe als Wahlargument zu interpretieren. Zu dem Zeitpunkt saß nicht ein einziger Afroamerikaner im US-Senat.

Wenn Blicke retten können

Im Juli 2004 kam Baracks Chance, sich im ganzen Land bekannt zu machen: durch eine Rede beim Demokratischen Parteitag in Boston, zur besten nationalen Fernsehzeit. 2004 war ein Präsidentschaftswahljahr. Der viertägige Nominie-

rungsparteitag hatte den Zweck, John F. Kerry und John
Edwards offiziell als Herausforderer-Duo gegen die Amtsinhaber George W. Bush und Dick Cheney aufzustellen sowie
die Partei zu mobilisieren. Am ersten Abend, dem Montag,
sprach Bill Clinton, der letzte Präsident der Demokraten. Der
Donnerstag, der letzte Abend, gehört stets dem Präsidentschaftskandidaten, der Mittwoch seinem Vize.

Am Dienstag sollte ein Nachwuchsstar sprechen; am Ende
fiel die Wahl auf Obama – auch um ihm zu helfen, den
Senatssitz in Illinois für die Demokraten zu erobern. Barack
war den ganzen Tag über nervös, berichteten Mitarbeiter dem
«New Yorker» 2008. Während er die Rede übte, unterbra-
chen ständig Berater mit Änderungsvorschlägen. Michelle be-
ruhigte ihn durch nonverbale Kommunikation. «The look»,
ein bestimmter Blick zwischen den beiden, genügte. Auf sie
konnte er schauen, wenn er eine Rückversicherung brauchte.
Und als es an der Zeit war, auf die Bühne zu gehen, brach sie
seine Anspannung ein weiteres Mal mit einer lockeren Bemerkung: «Just don't screw it up, buddy!» – Jetzt vermassel das
mal nicht, Kumpel!

Es war keine sehr lange Rede, etwa 17 Minuten. Er er-
zählte eine rührende Geschichte von der unwahrscheinlichen
Begegnung seines Vaters, ein Gaststudent aus Kenia, mit sei-
ner Mutter, einer Weißen aus Kansas. Von den Träumen der
Großeltern für ein besseres Leben ihrer Kinder und Enkel.
Von den Aufstiegschancen, die ihm die USA gegeben hatten.
Und er benutzte die sozialen Verhältnisse in Chicagos South
Side, der Gegend, wo Michelle aufgewachsen war, als Beispiel,
dass der amerikanische Traum für viele Bürger noch nicht er-
füllt ist. Die Art, wie er sprach, riss die Menschen mit – beim
Parteitag in Boston, aber ebenso Millionen vor den Fernseh-
geräten quer durch das Land. «A Star is born», titelten manche
Blätter. Ab da galt Barack Obama landesweit als «the Wun-
derkind».

Michelle aber begann mitten in dieser märchenhaften Erfolgsperiode, ihrem Mann auch öffentlich den Kopf zurechtzurücken und über ihn zu spotten. «All diese Aufmerksamkeit ist sehr schmeichelhaft», sagte sie dem «Daily Herald», einer Zeitung für das Umland von Chicago. «Aber das wird ihm nicht zu Kopf steigen. Wir haben eine Sechsjährige und eine Dreijährige, denen der Trubel um ihn völlig egal ist.» Das war «No nonsense Michelle», wie manche Weggefährten sie immer wieder beschreiben − die Frau, die mit beiden Beinen auf dem Boden steht und keine Zeit für Flausen hat. Die Frau, die dem Überflieger eine Erdung gibt. Einige Monate später, als er die Senatswahl gewonnen hatte und im Januar 2005 in Washington vereidigt wurde, fuhren sie und die Kinder mit in die Hauptstadt. Dort sagte sie Reportern, die sich an die Fersen des neuen Politstars hefteten: «Ich hoffe nur, dass ihm irgendwann im Leben einmal etwas gelingt, was all diese Aufmerksamkeit rechtfertigt.»

Michelle und die Kinder zogen nicht mit nach Washington. Sie blieben in Chicago. Die Töchter sollten nicht aus der schützenden Umgebung herausgerissen werden. Und Michelle hatte dort ihr «support network»: ein belastbares Netz, das es ihr erlaubte, ihre eigene Karriere im Management der Uniklinik zu verfolgen.

Nicht ohne Michelles «Ja»

Nach dem Muster der Senatsbewerbung verlief auch die Entscheidung über die Präsidentschaftskandidatur. Es war ein gemeinsamer Beschluss, nicht der einsame Wille Baracks, hat Valerie Jarrett mehrfach bestätigt; sie war an diesen Debatten im Laufe des Jahres 2006 beteiligt. Seit Oktober 2006 hatte er angedeutet, dass er antreten werde. Er nutzte den Erscheinungstermin seines zweiten Buches «The Audacity of Hope» und die damit verbundenen Auftritte in Talkshows und bei Lesungen als Test für seine Popularität. Die endgültige Entscheidung fiel angeblich im Weihnachtsurlaub auf Hawaii. Seine Kandidatur erklärte er am 10. Februar 2007.

Bedauerlicherweise hat Michelle noch Monate später in einigen wenigen Interviews eine falsche Fährte über ihre Rolle gelegt. Im Sommer 2007 sagte sie Liza Mundy von der «Washington Post», sie habe gar nicht mitbekommen, dass Barack das Weiße Haus anstrebt – und sie habe es auch nicht für sinnvoll gehalten. «Ich kann ehrlich sagen, ich habe niemals geglaubt, dass er das wirklich tut ... Warum sollte er auch? Das ergab doch gar keinen Sinn. Aber ich bin wohl immer die Letzte, die es kapiert.» Das ist eine nette Koketterie, doch nach vielen anderen Quellen unglaubwürdig.

Gezögert hat Michelle, das schon. Und, wie schon bei der Senatsbewerbung, nach den Risiken gefragt. Die Belastung des Senatswahlkampfs lag, als die Entscheidung 2006 anstand, erst knapp zwei Jahre zurück. «Muss das jetzt sein? ... Können wir nicht mal eine Pause einlegen?», beschreibt Michelle im Dezember 2007 rückblickend ihre Gefühle. Das Familienleben war kompliziert genug, seit Barack Senator in Washington war. Mit dem Präsidentschaftswahlkampf würde die zeitliche Belastung in ganz neue Dimensionen wachsen. Im Februar 2008 sagte Michelle dem «Wall Street Journal», im zurückliegenden Jahr sei ihr Mann nur an zehn Tagen zuhause gewesen und habe freie Zeit für die Familie gehabt. Andererseits lobte sie Barack im selben Zeitraum, er sei ein typischer «Harry Potter Dad», der Malia regelmäßig aus den berühmten Bänden vorlese.

Auch Baracks persönliche Sicherheit gehörte zu Michelles speziellen Sorgen. Die Zeit der politischen Attentate lag zwar schon Jahrzehnte zurück. Die schlimmste Epoche in der jüngeren Geschichte waren die 60er Jahre, als John F. Kennedy, Martin Luther King und Bobby Kennedy erschossen wurden. Das misslungene Attentat auf Ronald Reagan fiel ins Jahr 1981. Dennoch war die Befürchtung nicht von der Hand zu weisen, dass die Aussicht auf einen ersten dunkelhäutigen Präsidenten Rassisten zu einem Mordanschlag motivieren könne. Tatsächlich bekam Barack Obama im Frühjahr 2007 Personenschutz durch den Secret Service. Und dann hingen auch Michelles eigene Berufspläne an der Entscheidung. Es bedeutete die Unterbrechung und womöglich das Ende ihrer bisherigen Karriere.

Diese praktischen Konsequenzen einer Bewerbung um das Weiße Haus waren lange vor der Entscheidung absehbar und wollten alle mitbedacht sein. Es führt aber in die Irre, wenn man aus solchen Überlegungen ableiten wollte, Michelle sei gegen Baracks Kandidatur gewesen. Im Sommer 2007 durfte man ihr solche Andeutungen schon gar nicht mehr abnehmen. Bereits Wochen zuvor hatte die Kampagne der Darstellung widersprochen, es habe da einen Zwist zwischen Michelle und Barack gegeben. Sie verlangte eine Korrektur, als die «New York Times» am 18. Mai 2007 berichtete, die beiden hätten «lange gestritten», ob er antreten sollte. Dem lag ein simpler Hörfehler zugrunde. Tatsächlich hatte Valerie Jarrett der Zeitung gesagt, die beiden hätten «lange nachgedacht». Im Englischen liegen nur zwei Buchstaben oder ein Zungenschlag zwischen «fought long» und «thought long». Enge Verwandte und Freunde der Obamas hatten da längst bestätigt, dass Michelle an Bord war und im Bilde, worauf sie sich einließ. «Das wusste sie ganz genau», sagte ihr Bruder Craig 2007 mehrfach. Barack habe von Anfang an gesagt, dass er eine politische Karriere bis ins Weiße Haus anstrebe. Auch Michelle selbst hat das in anderen Interviews bestätigt und den Entscheidungsprozess in der «Vanity Fair» so beschrieben: «Bevor ich zusagte, musste ich in meinem Kopf und in meinem Herzen herausfinden, wie es für mich funktionieren würde … Er hätte es nicht getan, wenn er nicht gewusst hätte, dass ich ein gutes Gefühl dabei habe.»

Er nennt sie «Boss»

Michelles Spitzname in Baracks Wahlkampfteams spricht ebenfalls für ihre zentrale Rolle. Er müsse erst «den Boss fragen», wurde zur Redewendung, wenn Barack seinen Terminkalender mit seiner Frau abzustimmen hatte. Nachdem sie ihren Segen gegeben hatte, stellte sie sich mit voller Kraft in den Dienst des übergeordneten Ziels, Barack zum Präsidenten wählen zu lassen. Das ist typisch für sie. Sie macht keine halben Sachen. Im Februar 2007 reduzierte sie in der Uniklinik erst auf Teilzeit und zog sich bald ganz aus dem Job zurück, um sich voll dem Wahlkampf zu widmen. Nur eines wirkt bei diesem Wechsel von Skepsis zu Feuer und Flamme für seine Bewerbung ein wenig irritierend: Ihre Rhetorik klingt abermals überzogen – als nötige ihre Übertreibung bei der Formulierung der Bedenken sie dazu, in der anderen Richtung überzukompensieren. Sie würde sich «schuldig» fühlen gegenüber der Nation und «selbstsüchtig», wenn sie ihrem Beruf nachginge, statt «für das höhere Ziel» zu kämpfen, «einen guten Präsidenten zu bekommen», sagte sie nun. Für sie sei das eine «Gewissensfrage». Das sind Tonlagen, bei denen beispielsweise der typische Berliner geneigt wäre, zu fragen: «Hätten Se's nich 'ne Nummer kleener?» In Amerika hören viele Menschen solches Pathos dagegen gern. Wie es ihr im Wahlkampf erging, wissen wir bereits. Die Ereignisse zwangen es ihr auf, verschiedene Rollen zu spielen. Nun lebt sie bereits einige Zeit im Weißen Haus. Darf sie dort wieder sie selbst sein?

FLOTUS' Alltag

«Das Leben im Weißen Haus ist
die größte Wohltat für uns als Familie
seit langem. Wir sehen uns jeden Tag,
morgens und abends. Unser Leben ist viel
normaler als lange Zeit zuvor.»

Michelle im Juni 2009 im «Time»-Magazin

Michelle hat zwar kein offizielles Amt. Aber sie hat einen
Titel: «First Lady of the United States». Da der zu lang ist,
um ihn ständig zu gebrauchen, hat sich ein Kürzel eingebür-
gert, gebildet aus den Anfangsbuchstaben. Michelle ist jetzt
«FLOTUS». Sie hat auch Mitarbeiterinnen und ein Büro.
Die FLOTUS-Abteilung ist freilich nicht im West Wing des
Weißen Hauses untergebracht, dem Regierungsflügel mit dem
Oval Office des Präsidenten, sondern auf der anderen Seite,
im East Wing.

Seit Michelle als First Lady an Amerikas vornehmster
Adresse residiert, wirkt sie nicht mehr so widersprüchlich wie
noch im Wahlkampf. Das liegt nur zum Teil an ihr selbst. Sie
zeigt nach wie vor die verschiedenen Seiten ihrer Persönlichkeit, die zu dem Vorwurf führten, es gebe nicht nur eine, sondern gleich mehrere Michelles parallel – sie führe sozusagen
ein politisches Doppelleben. Doch die Nation blickt jetzt mit
verständnisvolleren Augen auf sie als noch im Wahlkampf. Die
Amerikaner möchten stolz auf ihre First Lady sein – mehr
noch: Sie wollen sie einfach lieben. Deshalb darf sie in dieser
Position mehrere Rollen zugleich ausfüllen, ohne dass es ihr

als erklärungsbedürftiger Gegensatz ausgelegt wird. Wenn sie heute zum Beispiel soziale Ungerechtigkeiten bemängelt, wird das nicht mehr als Generalkritik an den USA interpretiert, sondern fügt sich ein in ihre Fürsorge für alle Schichten der Gesellschaft. Sie nimmt es weiterhin mit der Wahrheit nicht so genau, wenn sie angebliche Details ihrer Biografie zur Begründung politischer Botschaften heranzieht. Als sie etwa die High-School-Absolventen in Washington im Juni 2009 aufforderte, doch bitte Fremdsprachen zu lernen – warum nahm sie da Zuflucht zu der Schwindelei, sie selbst habe zu ihrem Bedauern nie diese Gelegenheit gehabt? Doch über solche Ungereimtheiten sieht die Öffentlichkeit inzwischen großzügig hinweg.

Die Nation fühlt sich alles in allem offenkundig wohl mit dieser First Lady. Und umgekehrt fühlt sich Michelle augenscheinlich im Einklang mit ihrer neuen Rolle. Die Aufgaben, die sie nun erfüllen soll, sind ihr wie auf den Leib geschneidert. Sie scheint mit sich im Reinen. Dazu tragen zwei Faktoren ganz besonders bei: Sie hat ihr privates Ideal vom Familienleben weitgehend erreicht. Es klingt paradox: Barack und sie mussten erst ins Weiße Haus einziehen, damit sich Michelles konservative Vorstellungen vom Nest für die Kinder erfüllen, so wie sie es aus ihrer Kindheit kannte – die Mutter ist die meiste Zeit zuhause, der Vater kehrt abends von der Arbeit an den gemeinsamen Esstisch zurück. Und sie muss das nicht mit dem Verzicht auf ihre eigene berufliche Bedeutung bezahlen. Der zweite Wohlfühlfaktor: Wie in Chicago hat sie sich abermals ihr ganz persönliches «support network» für die neue Aufgabe geschaffen. Ihr Küchenkabinett wird stark von guten alten Freundinnen und Bekannten aus Chicago geprägt, wie wir gleich sehen werden. Der nüchtern-pragmatische Einfluss ihrer kühlen Heimatstadt am Ufer des Lake Michigan gilt generell für ihren Stil und auch für ihre Mode.

Der Chicago-Stil

Michelle beeindruckt Amerika als First Lady. Das Land wusste nicht so recht, was es von ihr erwarten durfte und wie sie die Premierenrolle der ersten Afroamerikanerin in dieser Position ausfüllen werde. Es gelingt ihr mit Selbstverständlichkeit und zugleich so, dass sich die Nation mit ihr identifizieren kann. Sie erfüllt das allgemeine Bedürfnis nach Sinnstiftung, Repräsentation und Unterhaltung in einem überzeugenden, persönlichen Mix. Und sie tut das, wenn man den Umfragewerten glauben mag, sogar besser noch als ihre Vorgängerinnen. Objektivere Maßstäbe als die Beliebtheitsskala stehen nicht zur Verfügung. Offiziell gibt es das Amt nämlich gar nicht – und auch kein Jobprofil, das man Punkt für Punkt zur Bewertung ihrer Performance heranziehen könnte. Die First Lady ist kein Verfassungsorgan, weder in der Gewaltenteilung noch in den Gesetzen ist ihr eine Funktion zugewiesen. Und doch spielt sie eine mächtige Rolle in der Selbstdarstellung der Regierung im In- und Ausland. Alle Welt spricht über ihre Mode. Halb Amerika möchte wissen, wer diese Woche bei den Obamas eingeladen war – und wie man selbst auf die Liste kommt. Die Nation staunt, als der Springbrunnen vor dem Weißen Haus am St. Patrick's Day auf Michelles Wunsch hin plötzlich in der irischen Nationalfarbe Grün sprudelt. Und wenn Barack und Michelle für eine «Date Night» wie zwischen frisch Verliebten nach New York ausbüchsen, im «Blue Hill» speisen, einem Restaurant mit typisch amerikanischer Küche, und anschließend eine Broadwayshow besuchen, dann haben die Bürger wieder ein neues Gesprächsthema. Vergleichbares kannte man weder von den Clintons noch den Bushs. Die Republikaner nörgeln zwar, so ein Luxus passe schlecht in die Rezession. Manche fragen auch, wer eigentlich die hohen Kosten bezahle, die sich aus dem Sicherheitsaufwand für solch einen Ausflug ergeben. Aber die meisten Amerikaner finden es eher rührend, dass Barack an der Tradition der Date Night auch nach rund 17 Ehejahren festhält. Und manche Ehefrau wird das Vorbild zum Anlass genommen haben, ihren Gatten zu fragen, wann er sie das letzte Mal ähnlich stilvoll ausgeführt habe.

Michelles Küchenkabinett

Michelle ist jetzt eine Marke, so ähnlich wie ein Megastar der Musik- und Filmindustrie. Darüber hinaus soll sie das Land nach außen repräsentieren. Und der Nation in der schweren Wirtschaftskrise emotionalen Beistand leisten. Im besten Fall addieren sich ihre öffentlichen Auftritte zu einem stimmigen und sympathischen Bild. Dabei hilft ihr Küchenkabinett aus direkten Mitarbeiterinnen und persönlichen Freunden. Zum Teil arbeiten die offiziell gar nicht für sie, sondern für ihren Mann. Bei fast allen Mitgliedern dieses Personenkreises weisen die Spuren nach Chicago. Sie hat sich die gewohnte Umgebung nach Washington geholt.

Valerie Jarrett, Michelles ehemalige Chefin im Rathaus in Chicago, ist nun seit zwei Jahrzehnten mit den Obamas befreundet. Sie ist um wenige Jahre älter. Man nennt sie jetzt gern die «zweitmächtigste Frau» im Weißen Haus. Offiziell ist sie Beraterin des Präsidenten für die Kontakte zu anderen Regierungsstellen und Öffentlichkeitsarbeit. Tatsächlich ist sie vor allem eine enge Vertraute für die Obamas, beide legen Wert auf ihren Rat und Instinkt. «Für die beste aller Freundinnen. Danke, dass du immer für uns da bist», hat Barack auf das Foto geschrieben, das sie von ihm auf ihrem Schreibtisch stehen hat.

Desiree Rogers dirigiert das protokollarische Bild der Obamas. Als Social Secretary im Weißen Haus ist sie verantwortlich für Einladungslisten und Sitzordnungen bei den feierlichen Essen, Empfängen und Konzerten. Sie ist die erste Afroamerikanerin in dieser einflussreichen Position. Geboren wurde sie 1959 in New Orleans, studierte an der Harvard Business School und lebte die letzten 20 Jahre, ehe sie in die Dienste der Obamas trat, in Chicago. Dort arbeitete sie in Führungspositionen bei Wirtschaftskonzernen und im Vorstand der staatlichen Lotterie. Als Social Secretary kümmert sie sich nicht um das richtige Geschirr oder den passenden Blumenschmuck. Sondern sie prägt die kulturelle Identität der Obama-Präsidentschaft. Sie lädt Künstler wie den von Michelle bewunderten Stevie Wonder ins Weiße Haus ein und führt Menschen aus sehr unterschiedlichen Bereichen zusammen, um neue soziale Netzwerke zu knüpfen, die den Obamas dienlich sind.

Camille Johnston, die Abteilungsleiterin für Kommunikation der First Lady, sticht auf den ersten Blick heraus aus dem engen Kreis. Sie ist blond und stammt aus Kalifornien. Als Expertin für Public Relations arbeitete sie für Bill Clinton, seinen Vizepräsidenten Al Gore sowie dessen Frau Tipper. Doch auch in ihrer Vita fehlt die Station Chicago nicht. Sie arbeitete dort Ende der 90er Jahre für den Fernsehsender CBS – kurz nachdem Michelle von «Public Allies» zur Universität gewechselt war. Später verantwortete Johnston die Pressearbeit für das Baseballteam Los Angeles Dodgers.

Katie McCormick Lelyveld, die Sprecherin der First Lady, ist in Chicago geboren und aufgewachsen. Nach dem Psychologiestudium an der Georgetown-Universität in Washington arbeitete sie für John F. Kerry und seine Präsidentschaftskampagne 2004 und war dann in Obamas Wahlkampf von Anfang an für Michelle im Einsatz. Auch Michelles Stabschefin ist eine weiße Amerikanerin. Genauer formuliert: ist *wieder* eine

Weiße. Denn das ist der Posten, auf dem Michelle bereits nach fünf Monaten einen Wechsel vornahm.

Im Juni 2009 machte Jackie Norris Platz für Susan Cher. Keine Verstimmung stecke dahinter, betont die First Lady. Aber hier hat, so darf man interpretieren, der Grad der persönlichen Nähe triumphiert. Jackie Norris war zu Beginn der Präsidentschaftskampagne 2007 die Wahlkampfchefin in Iowa gewesen, wo traditionell die erste Vorwahl stattfindet. Dort hatte Michelle sie bei ihren häufigen Auftritten schätzen gelernt. Susan Cher jedoch kennt sie länger. Sie war ihre Chefin in der Uniklinik Chicago und wurde eine persönliche Freundin. Norris wird dabei nicht fallen gelassen. Sie wird die Beauftragte für Freiwilligenprogramme, eines der herausragenden Markenzeichen der First Lady.

Mit dem Küchenkabinett verbindet Michelle keine reine Arbeitsbeziehung. Es sind zugleich private Freundschaften. Das private Dinner in Valerie Jarretts Haus in Georgetown war für die Obamas das erste Abendessen außerhalb des Weißen Hauses in ihrer Präsidentschaft. Mit Desiree Rogers besucht Michelle mitunter das Theater, damit sie, wie Rogers sagt, «die künstlerischen Talente in Washington kennenlernt». Mit dem kleinen Team in ihrem Office geht die First Lady alle paar Wochen mittags in der Umgebung einen Hamburger essen – nachdem der Secret Service die Sicherheit überprüft hat, versteht sich. Ab und zu brauche man einfach diesen Anschein von Normalität, heißt es dazu.

Mode aus «Windy City»

Typisch Chicago, das gilt auch für ihre Mode. Man darf sich da vom äußeren Anschein der Kleider bei der Amtseinführung nicht in die Irre führen lassen. Die Inauguration war eine Ausnahmesituation. Tagsüber trug sie eine limonengrasgelbe Kombination aus einem Kleid und einem darübergeworfenen offenen Mantel aus dem Studio der Kubanerin Isabel Toledo. Und abends das von nur einem Schulterträger gehaltene Ballkleid in Creme, entworfen vom 26 Jahre jungen Taiwanesen Jason Wu. Doch im Alltag bevorzugt Michelle bei ihren Auftritten den kühlen Stil Chicagos, nicht das schrille New York. Wegen ihrer Lage an den Großen Seen trägt ihre Heimatstadt den Spitznamen «Windy City». Die Winter sind grau. Sie liegt im Mittleren Westen, wo man eine gewisse Bodenständigkeit schätzt. Die Menschen dort legen schon Wert auf ihr Aussehen und Auftreten. Aber das Ziel ist eher eine unauffällige Eleganz, kein Aufmerksamkeit heischender stummer Schrei «Hier bin ich» durch grelle Farben oder schrägen Schnitt.

Typisch für Michelle ist die praktische und preisbewusste Kombination aus Designerstücken und Ware von der Stange. Die farblich passenden Handschuhe zur limonengrasfarbenen Kombination am Inaugurationstag stammten aus einem Kaufhaus. Chicago sah sich die meiste Zeit seiner Geschichte in Konkurrenz zu New York, als verkannte und unter Wert gehandelte Nummer zwei, ob es um die Einwohnerzahl oder das nationale Bedeutungsranking in Mode, Entertainment oder Sport geht. Dabei hat «Windy City» ebenso viele erstklassige Boutiquen wie Manhattan. Besonders gern kauft Michelle in Maria Pintos Geschäft, 133 North Jefferson Street ein. Gleich nebenan ist das Restaurant «Sepia», wo sie mit Freundinnen speist.

Jede neue First Lady brachte einen neuen Stil mit ins Weiße Haus. Jackie Kennedy stand für aristokratische Eleganz der Ostküstenelite, beeinflusst von Europa, speziell dem Pariser Chique. Nancy Reagan übertrug Hollywoods Glitzer- und Glamourwelt nach Washington und trug mit Vorliebe

185

Kreationen von James Galanos. Laura Bush repräsentierte unverkennbar Texas, auch wenn sie weder Westernhüte noch Cowboyboots trug: Ihre Kostüme und Blusen machten nicht viel Aufhebens, die Botschaft war schlichter Konservatismus. Michelle Obama hat ihre Modemacht bereits im Wahlkampf bewiesen. Auch da wechselte sie bei Siegesfeiern oder Fernsehauftritten munter zwischen teuren Designerstücken und preiswerten Kleidern aus Kettenläden, in denen die Durchschnittsbürger einkaufen. Im Herbst 2007 hatte die «Vogue» eine Fotoserie über ihre Mode geschossen. Im Sommer 2008 machte der «fist bump», das Aufeinanderstoßen der geballten Fäuste mit ihrem Mann Barack, als Siegeszeichen landesweit Furore – und parallel das violette Maria-Pinto-Kleid, das sie an dem Abend trug. Als sie im Juni in der populären Talkshow «The View» erschien, trug sie ein einfaches Sommerkleid von Donna Rico, Preis 148 Dollar. Wenige Tage später war es ausverkauft.

Im Oktober gab sie in Jay Lenos «Tonight Show» freimütig Auskunft über ihr Online-Shopping. Sie sei regelmäßige Kundin bei preiswerten Ketten wie J. Crew, Gap und H&M. Im Winter 2008/09 konnte man auf der Internetseite von J. Crew den Namen Michelle Obama eingeben – und sehen, was sie für sich und ihre Töchter Malia und Sasha gewählt hat. Auch das gehört zu Chicago: Man möchte beim Einkauf einen «good deal» machen. Das bedeutet nicht Schnäppchenjägerei «so billig wie möglich». Sondern einen moderaten Preis für gute Ware. Man zahlt nicht drauf, nur um den Namen eines Modezars deutlich sichtbar auf der Kleidung zu tragen.

Michelle hat keine zierliche Figur wie ein Model. Sie ist über 1,80 Meter groß und hat einen athletischen Körperbau – das Ergebnis von einstündigem Morgentraining im Geräteraum seit vielen Jahren, um sich fit zu halten. Ihre amerikanische Konfektionsgröße ist 12: stämmig, aber ohne Übergewicht. Gern trägt sie Kleider, die ihre braunen Arme und nackten Beine zur Geltung kommen lassen. Im Frühjahr 2009 war das wochenlang ein Thema der bunten Seiten. Ihr Mann beendete die Debatte mit einem Wortspiel beim White House Correspondents Dinner: Michelle habe «the right to bare arms»: das Recht auf nackte Arme. Vom Lautwert her hört sich das im Amerikanischen genauso an wie das in der Verfassung verankerte Recht, Waffen zu tragen – «the right to bear arms».

Viele bewundern Michelle. Die Neider und Spötter ruhen freilich auch nicht. Mehrere Internetseiten beschäftigen sich zum Beispiel mit der Frage, ob Michelle eine Perücke trage. Ein unbedarfter Medienkonsument kann da beim Betrachten von Fotos der First Lady durchaus ins Grübeln kommen. Bei einem Schneeeinbruch im März 2009 wird sie mit Schlitten und Töchtern an der Hand im Garten des Weißen Hauses abgelichtet. Die Haare liegen eng an der Kopfhaut, tragen keine zwei Zentimeter auf. Die Ohren sind komplett frei. Wenige Tage zuvor und danach ist Michelle bei offiziellen Anlässen mit der bekannten voluminösen Frisur zu sehen. Der äußere Anschein legt nahe, dass zumindest einige Strähnen länger als 20 Zentimeter sind. Kann das mit rechten Dingen zugehen – ohne Perücke?

Es kann nicht nur, sagt Pamela Gentry, eine afroamerikanische Journalistenkollegin im Pressecorps des Weißen Hauses. Sie wisse sogar «ganz sicher», dass Michelle keine Perücke trage. Weiße würden «die Probleme schwarzer Frauen mit Haaren wohl nie ganz verstehen», seufzt sie. Aber Gott sei Dank biete die kosmetische Industrie heute jede Menge Hilfe an. Mit der richtigen Behandlung lasse sich aus dem eng anliegenden Schopf dünnen Krausehaars eine lange glatte Löwenmähne zaubern.

Einer könnte Auskunft geben über Michelles Haar. Aber er schweigt. Johnny Wright ist der Friseur der First Lady, auch ihn hat Michelles Aufstieg von Chicago nach Washington verschlagen. Der Ruf wird ihn wohl zu einem reichen Mann machen, er hat jetzt seinen eigenen Salon in der U-Street der Hauptstadt. Der Preis für bleibenden Erfolg ist absolute Diskretion. Kennengelernt hatten die beiden sich, kurz nachdem Barack Obama im Februar 2007 seine Kandidatur erklärt hatte. Ein Fotoshooting für das Magazin «Essence» stand an, und Michelle wünschte ein besseres Styling. Johnny arbeitete damals im Chicagoer Viertel Wicker Park und erledigte den Job zur Zufriedenheit. Seither weiß Michelle ihr Haar bei ihm in besten Händen.

Vier Großprojekte für die Amtszeit

Das bleibende Bild einer First Lady entwickelt sich meist erst im Rückblick. Lady Bird Johnson machte den Highwaybau zu einem landschaftsgärtnerischen Projekt. Laura Bush, die studierte Bibliothekarin, promotete die Liebe zum Buch und zum Lesen in Kindergärten und Schulen. Nancy Reagan spielte nach außen die politisch passive Frau, die ihren Gatten öffentlich anhimmelt. Hinter den Kulissen war sie seine wichtigste Beraterin und entschied oft, welche Mitarbeiter geheuert oder gefeuert werden. Jackie Kennedy repräsentierte stärker als ihr Mann John F. den Glamour der Kennedy-Präsidentschaft. Sie schuf den Mythos von Camelot. Ihre Hüte und Kleider, ihr Einrichtungsstil und Porzellan prägten die Geschmäcker und Moden einer Epoche.

Michelle ist ein neuer Typus von First Lady. Ihre offizielle Biografie hat am ehesten Ähnlichkeiten mit der Hillary Clintons. Beide haben ein Jurastudium an einer der angesehensten Universitäten Amerikas absolviert und unabhängig von ihren Ehemännern erfolgreich Karriere gemacht. Insofern stehen

beide für eine neue Generation von First Ladies. Das Bild
ihrer Vorgängerinnen entsprach mehr der Frau an der Seite
des Präsidenten ohne größere berufliche Ambitionen. Doch
anders als Hillary Clinton strebt Michelle keine eigene tages-
politische Rolle an. Die Vorvorgängerin ist da eher ein warnendes Beispiel, durch welche Fehler eine First Lady ihre
Macht beeinträchtigen kann. Hillary Clinton hatte sich zu sehr
in die Regierungsgeschäfte gedrängt. Sie wurde zur Beauf-
tragten für die Gesundheitsreform, scheiterte mit dem Projekt
und beschädigte damit auch ihre Rolle als First Lady.

Michelles Zurückhaltung bei der Einmischung in die
Tagespolitik bedeutet aber keinen Verzicht auf aktive Selbstdarstellung. Sie möchte vier Anliegen zu ihren «signature pro-
jects» machen, den stilbildenden Themen ihrer Jahre im Weißen Haus. Erstens die Vereinbarkeit von Familie und Beruf für
Frauen. Zweitens die Betreuung der Militärfamilien. Drittens
eine neue Welle freiwilliger Dienste an der Gesellschaft. Und
viertens den Appell an afroamerikanische Mädchen, nach den
Sternen zu greifen, nach Bildung und Erfolg zu streben und
sich nicht einreden zu lassen, dass sie für höhere Aufgaben
nicht geboren seien. Wenn die Zeit des vorsichtigen und tas-
tenden Eingewöhnens in die neue Rolle vorbei ist, wird sie
diese Projekte mit symbolhaften Auftritten, Reden und Interviews offensiv vermarkten. Das unter Bill Clinton gegründete
Dachprogramm für freiwillige Hilfsdienste AmeriCorps will
sie von 75 000 auf 250 000 Teilnehmer ausbauen. Im April
2009 konnte sie bereits verkünden, dass sich die Freiwilligen-
meldungen im Internet in den fünf Monaten seit Baracks
Wahlsieg um 400 Prozent gesteigert hatten.

«Sie hat sehr früh die symbolische Macht ihrer Rolle erkannt», hebt Carl Sferrazza Anthony als Hauptunterschied zu
ihren Vorgängerinnen hervor. Er ist der Historiker der National First Ladies Library und einer der besten Kenner der Geschichte amerikanischer Präsidentengattinnen. Michelle setze

ihre Auftritte sehr bewusst ein, um ihre Anliegen voranzubringen. Dazu gehöre die Entscheidung, worüber sie redet – aber ebenso, wozu sie nichts sagt. Dass selbst nach geraumer Zeit im Weißen Haus noch immer viele Phasen ihrer Familiengeschichte unbekannt sind und dass die First Lady sich Nachfragen der Journalisten entzieht, überrascht Anthony nicht. «Wenn eine neue Präsidentenfamilie ins Weiße Haus kommt, begreifen sie sich nicht immer gleich als historische Figuren. Sie behandeln ihr Leben und ihre Familiengeschichte erst einmal weiter als Privatsache.» Als Historiker vertraut er darauf, dass die fehlenden Informationen nach und nach ans Licht kommen. Aber auch er erwartet nicht, dass Michelle von sich aus zur Aufklärung beiträgt.

Michelles Vermächtnis

Michelle versteckt sich nicht hinter ihrem Mann. Sie treten als gleichberechtigtes Paar auf. Es gibt keine feste traditionelle Geschlechterhierarchie zwischen ihnen, nicht einmal dem äußeren Anschein nach. Die Machtverhältnisse richten sich nach dem jeweiligen Thema. In politischen Dingen hat er das Sagen, da ordnet sie sich unter. Aber ebenso unzweifelhaft ist sie zuhause und in Familienangelegenheiten der Boss. Insofern gibt sie dem amerikanischen Volk, das bis heute patriarchalisch geprägt ist, ein neues Vorbild für die Rollenverteilung in einer modernen Partnerschaft.

Als erste dunkelhäutige First Lady bereichert sie das öffentliche Bild dieses inoffiziellen und zugleich so mächtigen Amtes um eine neue Dimension. Sie ist sich durchaus bewusst, wie sehr sie als erste Afroamerikanerin die Wahrnehmung prägt, sowohl in der Gegenwart als auch in der historischen

Abfolge. Diese Herausforderung will freilich wohl verstanden sein. Ihr Ziel ist es nicht, ihre schwarze Identität zu betonen und der Rolle der First Lady nun einen speziell afroamerikanischen Anstrich zu geben – um sich von ihren weißen Vorgängerinnen abzusetzen. Sie hat sich, im Gegenteil, erfolgreich bemüht, auch von konservativen Weißen als Mutter der Nation anerkannt zu werden. Die wahre Erfüllung wäre es, wenn das Attribut «schwarz» bei dieser geschichtlichen Premiere allmählich in den Hintergrund träte. Die erste afroamerikanische First Lady ist sie ohnehin, der erste weibliche Nachkomme von Sklaven, der nun im Weißen Haus das Sagen hat, bleibt sie ebenso. Sie verleugnet ihre Hautfarbe und Herkunft nicht. Aber sie will nicht vorrangig dadurch definiert werden. Ihre Persönlichkeit hat viel mehr Facetten. Sie möchte die First Lady aller Amerikaner sein. Sie ist es bereits.

Abbildungsverzeichnis